Theodora

Mavi Mohr

Stationswechsel

Eine Leukämiepatientin
wird Ärztin

Kreuz

Inhalt

Irgendwas ist immer

Vorwort

Ich war dreizehn Jahre alt, als ich Krebs bekam. Damit hatte ich nicht gerechnet.

Wer rechnet schon damit? Krebs bekommen doch immer die anderen Menschen. Die, die man manchmal im Fernsehen sieht, manchmal auch eine Bekannte aus der Nachbarschaft – manchmal sogar jemand aus der eigenen Familie. Aber selbst?

Ich bin so eine »andere«. Als ich an Leukämie, also Blutkrebs, erkrankte, veränderte sich alles in meinem Leben – nicht zuletzt auch ich mich selbst. Der Krebs bedeutete nicht nur acht Monate Krankenhaus und ein paar Haare weniger, sondern noch viel mehr: Angst haben, Alleinsein, Anderssein, tiefe Trauer und grenzenlose Freude. Und als die Therapie fertig war, war das alles auch noch lange nicht vorbei!

Ein Jahr nach meiner Entlassung aus dem Krankenhaus begann ich zu schreiben. Ich schrieb alles auf, was mir wichtig war. Ich schrieb, weil es mir gut tat, das Erlebte zu Papier zu bringen. Ich schrieb, um anderen Betroffenen zu zeigen, dass sie nicht alleine sind. Und ich schrieb, um Nichtbetroffenen eine – zumindest kleine – Einsicht in die Welt der Erkrankten zu geben. Daraus ist dann ein Buch entstanden. Ich nannte es »Ein Elefant gab mir die Hand«, ein Zitat aus einem kleinen Vierzeiler, den ich im Fieberwahn während der Therapie gedichtet hatte. Das ist jetzt fast zehn Jahre her. Seitdem ist noch so viel geschehen! Ich stehe nun fast am Ende meines Medizinstudiums und begreife, dass ich jetzt auf der »anderen Seite« bin. Dieser Wechsel fällt mir nicht ganz leicht, denn ich sehe vieles noch mit den Augen einer Patientin, was meine Arbeit als Ärztin zwar einerseits bereichert, andererseits aber auch erschwert. Wie soll ich eine Balance zwischen beiden Rollen finden?

Ich bin heute geheilt von meiner Leukämie; dennoch nimmt diese noch viel Raum in meinem Leben ein, für mich als Patientin und als werdende Ärztin. Das gehört mit zum Anderssein – und zu diesem Buch.

Das Geschriebene von damals erschien mir daher geradezu unvollständig. Also begann ich wieder zu schreiben. Entstanden ist der zweite Teil meiner Geschichte. Die Leukämie bleibt die Gleiche, nur die Perspektive hat sich verändert.

Ganz gleich, von welcher Perspektive aus Sie gerade schauen – ich wünsche Ihnen alles Gute.

Ein Elefant gab mir die Hand

Für diejenigen zwei, die schon
immer für mich da waren – und es
auch immer sein werden.
Danke, Mama und Schwesterherz.

1995

Wieder in Deutschland

Ich habe Krebs. Komisches Gefühl, diese Worte auszusprechen. Ich habe es auch schon lange nicht mehr getan, denn niemand will davon hören.

Am 28. Januar 1994 war ich zwei Jahre in Remission, das heißt krebsfrei. Für die meisten ist die Sache vorbei, ich habe sie aber noch nicht vergessen, werde es wahrscheinlich auch nie. Man lebt ständig in Angst vor dem Krebs, ich speziell vor der »Leukämie«. Fünf Jahre lang muss man krebsfrei sein, um sich endgültig »gesund« nennen zu können. Eine lange Zeit. Dabei hatte alles so schön angefangen ...

Am 11. Juni 1990 bin ich mit meiner Schwester und meiner Mutter aus Kalifornien sozusagen geflüchtet – unter anderem vor meinem Vater. Meine Eltern sind seit 1984 geschieden, und mein Vater war für mich noch nie – wie die Amerikaner so schön sagen – ein »Daddy« gewesen. Mein Vater ist Amerikaner und hat meine Mutter – Deutsche – damals in Deutschland kennen gelernt. Nun ja, und wie das manchmal so geht: verliebt, verlobt, verheiratet. Meine Mutter flog mit ihm zurück nach Amerika, wo sie mich und fünf Jahre später meine Schwester gebar.

Jeder, dem ich erzähle, ich hätte mal in Amerika gewohnt, sagt gleich: »Toll! Warum bist du da nur weg?« Verständlich, wenn man das Bild betrachtet, das uns durch die Medien vermittelt wird. Es ist aber eine Sache, in einem Land zu wohnen, und eine andere, dort bloß Urlaub zu machen. Mir hat das Leben dort nicht gefallen, noch weniger hat mir mein Vater gefallen. Mein Traum war es immer gewesen, nach Deutschland zu ziehen, in die Heimat meiner Mutter. Insofern kam es mir nicht ungelegen, als Verwandte für uns Flugtickets kauften und uns nach Deutschland holten – der Anlass war ein Herzinfarkt meiner Oma.

Ich kam gleich auf das Gymnasium, allerdings wurde ich zwei Klassen zurückversetzt, weil ich kein Deutsch konnte. In Amerika hatte ich eine Klasse übersprungen, sodass das nicht weiter auffiel. Ich fühlte mich wohl und gewöhnte mich schnell an die deutsche Lebensweise. Mir ging es sehr gut – bis zum Sommer 1991.

Eigentlich hätte alles sehr schön sein können

Der Sommer war wunderschön: Sonne, Schwimmbad, schulfrei – alles, was dazugehört. Ich war dreizehn geworden, hatte den ersten Freund, den ersten Krach mit meiner Mama ... aber ich freute mich auf das Leben. Was ist das schön: ein Teenager! Ganz ohne Sorgen – und es gibt so viel zu erleben: Partys, Disco, zum ersten Mal schminken, Leute kennen lernen ... O ja, ich freute mich darauf – wenn es mir nur nicht so schlecht ginge, körperlich. Ich klappte im Sport zusammen, hatte nach wenig Anstrengung keine Luft mehr. Vielleicht habe ich Asthma?

Ich ging also zum Arzt ...

»Das sind die Hormone, du bist ja in der Pubertät, da ist so ein Kreislaufkollaps nichts Außergewöhnliches. Mach viele Wechselduschen, dann geht's dir bald besser.«

Okay, ich befolgte seinen Rat. Aber irgendwie merkte ich keine Besserung, und dann diese blöden Infekte, eine Erkältung nach der anderen. Ständig schniefte ich, einmal hatte ich sogar einen Herpes-Infekt in Mund und Rachen, sodass ich eine Woche lang nichts essen konnte.

Ab zum Arzt.

»Rotlicht-Bestrahlung und Kamille inhalieren. Das sind einfach Pollen, und dein Immunsystem ist durch die Pubertät geschwächt. Das wird schon werden.«

Okay. Aber diese blauen Flecken überall stören mich, am meisten habe ich sie an den Beinen. Ich sehe ja aus, als sei ich verprügelt worden. Im Schwimmbad machten wir Witze, wer mir welchen Fleck verpasst haben konnte beim Toben. Aber so viel ich darüber lachte, irgendwie war ich doch beunruhigt.

Also wieder zum Arzt.

»Pubertät, da kommt es durchaus vor, dass man blaue Flecken bekommt.«

Na gut. Aber diese Symptome! Sie kamen mir irgendwie bekannt vor. Ich habe mich schon immer mit Medizinbüchern beschäftigt, und so hingen mir trübe Gedanken im Hinterkopf, die man nur allzu gerne wieder vertreibt. Ich lebte weiter so vor mich hin, der Sommer von dunklen Wolken verhangen.

Ende September wachte ich eines Morgens mit einem kleinen Punkt am linken Oberschenkel auf. Er juckte leicht, und ich verfluchte die Stechmücke, die mir das angetan haben musste. Blöde Viecher, Nacht für Nacht dasselbe Theater: zzzzzzzzz, und sie warten nur darauf, mein Blut zu saugen!

Doch dieses Mal war es anders. Am nächsten Morgen hatte sich der kleine Punkt mit Eiter gefüllt. Merkwürdig, vielleicht ein Pickel? Brav, wie ich bin, kratzte ich nicht daran und hoffte, dass er bald wieder weg war. Er ging aber nicht weg, sondern wurde langsam, aber sicher größer. Altes Heilmittel aus meiner Kindheit: Pflaster drauf. So war's immer, als ich klein war: Küsschen, Pflaster – und dann war's besser. Aber mein »Pickel« wuchs und wuchs, bis er Anfang Oktober so groß wie ein Fünfmarkstück und der Oberschenkel auf fast das Doppelte angeschwollen war. Mein ganzer Oberschenkel schmerzte. Ich gewöhnte mir an, immer nur auf der rechten Pobacke zu sitzen.

Ich glaube, ich muss mal wieder zum Arzt. Ob das auch mit der Pubertät zusammenhängt?

»Wickel und Jodsalbe.«

Die Schmerzen und die Schwellung an meinem Bein wurden aber größer.

Nochmals zum Arzt.

»Das ist ein Abszess, eine bakterielle Entzündung. Du musst sofort zu einem Chirurgen, und ich schreibe dir Antibiotika auf.«

Am gleichen Nachmittag fuhren wir zu einem Chirurgen, empfohlen von meinen Großeltern. Das Warten auf den harten Stühlen tat so weh, dass ich mich fast freute, als ich endlich aufgerufen wurde. Nach weiterem Warten kam endlich der Arzt, und meine Mutter und ich erklärten ihm die Symptome.

»Zieh mal deine Hose aus und leg dich auf den Tisch.«

Ich tat das, aber es war mir ziemlich unangenehm, so halbnackt vor jemand Fremdem da zu liegen. Ich hörte ein leises Murmeln, das Klappern einer Schublade, spürte ein Stück Papier auf meinem Bein. Und dann plötzlich … Hoppla, was war denn das? Ein höllischer Schmerz, der mir den Atem verschlug. Was zum Teufel? Ich drückte mein Gesicht in das Kissen, damit mein Schreien gedämpft wurde.

Der Arzt hatte mir ohne Vorwarnung, ohne Betäubung den Abszess mit zwei zehn Zentimeter langen und zwei Zentimeter tiefen Schnitten aufgeschnitten! Doch eigentümlicherweise kam kein Eiter heraus, wie bei einem Abszess erwartet; sondern bloß eine glibberige Masse, die Waldfrucht-Marmelade ähnlich war.

Ich fühlte mich betrogen und hilflos. Wenn er mich doch wenigstens vorgewarnt hätte! Er hat mein Bein aufgeschnitten, *mein* Bein, einfach so, und nun klatschte er mir ein Pflaster drauf, sagte zu meiner Mutter, ich müsse täglich den Verband wechseln, und ging. Ich stand unter Schock. Meine Mutter stützte mich bis zum Auto. Auf der Rückfahrt bibberte ich bloß auf dem Rücksitz, irgendetwas juckte am Bein, und ich hatte das Gefühl, in die Hose gemacht zu haben. Als wir zu Hause ankamen, bemerkten wir, dass es Blut war, was meine Hose durchnässt hatte. Das Jucken war Blut, das langsam mein Bein runtergetropft war und meine Socken beschmutzt hatte. Ich war fürchterlich traurig und ziemlich erschöpft. In der Nacht schlief ich sehr, sehr schlecht und hatte Alpträume.

Als ich am Morgen aufwachte, wusste ich es irgendwie: Ich habe Leukämie. Es war ein Gefühl, das ich nicht beschreiben kann, nicht definierbar, sodass es schwer zu erklären ist. Es war fast so, als sei die ganze Zeit über eine Art Mauer zwischen meinem Körper und mir gewesen. Mein Körper hatte verzweifelt versucht, Signale zu senden, aber sie waren einfach nicht durch die Mauer gekommen. Nun aber war – wie bei einer Sintflut – alles überschwemmt worden. Ich wusste alles – und doch nichts. Ich behielt diese Gedanken für mich. Wer hätte denn auch zugehört, hätte ich gesagt: »Hey Leute, ich habe Leukämie!«, und diese Diagnose mit »so einem Gefühl« begründet?

Am folgenden Samstag ging ich zum Verbandswechsel zu meinem Kinderarzt und am Sonntag auch. Mir ging es sehr, sehr schlecht. Und am Sonntagabend bekam ich Fieber, trotz des Antibiotikums. Wir riefen beim Arzt an, und der riet, ein Fieber senkendes Mittel zu nehmen. Vielleicht auch zwei. Aber wir konnten nicht mehr warten, und so rief meine Mutter bei einem uns ganz fremden Arzt an. Sonntagabend, so gegen 20.30 Uhr. Eine Freundin hatte ihn uns empfohlen. Er hörte geduldig zu, fragte und hörte noch einmal zu.

Wahrscheinlich verdanke ich diesem Arzt mein Leben. Zumindest verdanke ich ihm den Rat, mich doch ins Krankenhaus zu bringen. Wer weiß, wie lange das Spielchen sonst noch gegangen wäre? Noch in der gleichen Nacht brachten meine Mutter, meine Schwester und eine Freundin mich ins Städtische Krankenhaus.

»Das ist alles nur ein Traum«, sagte ich mir immer wieder. »Morgen wachst du auf, und alles ist in Ordnung.« Ich kann mich an diese Nacht noch sehr gut erinnern. Es war der Anfang eines neuen Lebensabschnitts, der Anfang von Monaten stationärer Behandlung und das Ende des Lebens, wie ich es bis dahin gekannt hatte. Doch das wusste ich damals ja noch nicht.

Die Notaufnahme

Wir mussten in der Notaufnahme eine ganze Weile warten. Vielleicht schlief der Nachtdienst? Wieder diese unbequemen Wartezimmerstühle – ich war aber zu schwach, um beim langen Sitzen die Schmerzen zu beachten. Wir waren die einzigen im Raum. Die Stühle hatten eine schreckliche Pastell-Pinkfarbe. Warum sehen alle Wartezimmer gleich scheußlich aus?

Endlich kam der Arzt – noch recht jung. Wir erzählten ihm nach und nach alles, was geschehen war. Er nahm Blut ab, legte einen Tropf an – eine Nadel, die in der Vene bleibt, damit man nicht ständig neu stechen muss – und sagte mir, ich solle die Hose runterziehen und mich auf den Bauch legen, damit er meine Wunde ansehen könne. Mein Herz fing an zu klopfen, und die ersten Tränen kämpften sich nach vorne. Mein Bein war für mich wie ein Kind geworden. Da geht niemand mehr dran, nicht ohne Betäubung. Mein Kopf besiegte aber meine Angst, und außerdem konnte ich es ja nicht wagen, einem Arzt zu widersprechen. Ich war doch abhängig von ihm. Und so drehte ich mich um und vertraute.

Es dauerte nicht lange, bis der Arzt eine Pinzette herausgeholt hatte und anfing, an der offenen Wunde zu »picken«. Was er damit erreichen wollte, war mir unklar, denn es wurden keine Untersuchungen gemacht, er stocherte nur ein wenig umher. Das war zuviel für mich. Und die Tränen, die ich mit so viel Müh' und Not versucht hatte zu besiegen, gewannen doch. Ich geriet in eine leichte Hysterie und sagte immer nur: »Bitte lass mein Bein in Ruhe!!« Als meine Mutter sich über mich beugte, um mich zu trösten, brüllte der Arzt sie an, sie mache mich nur nervös und solle mich in Ruhe lassen. Meine Mutter ließ sich aber nicht stören und sagte, er solle heute aufhören, an meinem Bein herumzustochern, denn es tue ja schließlich weh. Dem Arzt gefiel es nicht sonderlich, Anweisungen zu bekommen, und er wurde noch wütender. Er brachte mich auf die Kinderstation, wo ich alleine in einem Zimmer war – natürlich mit meiner Mutter, meiner Schwester und der mitgefahrenen Freundin –, und erklärte, um Mitternacht werde operiert. Damit verließ er das Zimmer.

Was operiert würde, teilte er nicht mit, sondern er schickte einen Narkosearzt, der mich untersuchen sollte. Um 23.00 Uhr kam dieser und sagte, bei meinen Blutwerten werde er keine Narkose verabreichen. Die Operation sei wieder abgeblasen. Ich solle schlafen, am Morgen würden wir weitersehen.

Meine Mutter und meine Schwester blieben noch eine Weile, dann fuhren sie nach Hause, und ich blieb allein zurück und beobachtete die Flasche, aus der langsam, aber stetig die durchsichtige Flüssigkeit – Glukose-Wasser – durch einen Schlauch in meine Vene tropfte. Ich kam mir vor wie im Fernsehen: Solche Flaschen sieht man doch immer in diesen melodramatischen Fernsehsendungen. Da haben die Kranken immer so eine Flasche an der Bettseite. Aber wofür diese Dinger gut sind, das weiß niemand. Ich zumindest wusste nur, dass mein Arm davon sehr kalt wurde.

Wenige Stunden später wachte ich wieder auf und war schockiert zu sehen, dass Blut im Schlauch war. Wo kam das bloß her? Die Flasche war leer. Doch da war Blut im

Schlauch, soll das so sein? Ich stand auf und ging auf den Flur, doch niemand war zu sehen. Darf ich die Schwestern überhaupt stören? Vielleicht lachen sie mich aus, wenn ich mitten in der Nacht so etwas Dummes frage. Also ging ich, wenn auch beunruhigt, zurück ins Bett.

Am Morgen wachte ich früh auf. Die Flasche war gewechselt, und es tropfte wieder eine klare Flüssigkeit in meine Vene. Die Schwester kam und brachte mir Waschzeug. Und so versuchte ich, mich zu waschen. Das stellte sich aber als problematisch heraus. Es ist ja sowieso nicht gerade einfach, sich am Waschbecken mit einem Waschlappen zu waschen, aber noch problematischer ist es, sich mit einer Hand zu waschen.

Ich traute mich nicht, meinen Arm mit der Nadel überhaupt zu bewegen, und kam mir ziemlich unbeholfen vor. Dazu dieser Ständer mit der Flasche dran! Zuerst klemmten die Rollen wie bei einem defekten Einkaufswagen. Sie rollten in alle Richtungen, nur nicht dorthin, wo ich hin wollte. Insgesamt war das eine ziemlich komische Situation, ich musste über mich selbst schmunzeln. Ich kam mir vor wie bei »Verstehen Sie Spaß?«. Aber dann kam was noch viel Besseres: Wie wechsle ich mein Hemd? Ich hatte ja einen Schlauch vom Arm bis zur Flasche. Wie kriege ich meinen Ärmel ab? Gar nicht.

Ich legte mich wieder ins Bett, und bald darauf kamen meine Mutter und Schwester – Gott sei Dank! Für mich gab es die ganzen acht Monate keinen schöneren Anblick, als wenn meine Mutter das Zimmer betrat – meine Schwester durfte später nicht mehr zu mir, weil sie noch unter Fünfzehn war. Sie versuchten, mich zu trösten, waren aber selbst untröstlich.

Am frühen Vormittag kam die Visite: ein Professor, der Stationsarzt, Assistenzärzte und zwei Schwestern. Sie waren sehr freundlich, doch bemerkte ich die stummen Blicke, die sie einander immer wieder zuwarfen. Wenigstens wollten sie nichts am Bein machen, das hat mich schon getröstet. Ich wurde geröntgt, getestet, gewogen, und dann machten sie eine Ultraschalluntersuchung von meinem Bauch. Alles wie im Fernsehen. Wie sagt man so schön: »Ich komme mir vor wie in einem falschen Film.« Interessant war es ja, vor allem der Ultraschall. – Vielleicht denken sie gar, ich wäre schwanger? Das war mein erster Gedanke. Ich hörte nur halb zu, wie lateinische Begriffe um mich her schwirrten. Nur wenige Worte konnte ich erkennen: »... Milz vergrößert« »... Leber geschwollen ...« Niemand hielt es für nötig, mir zu erklären, wozu die Untersuchungen waren, und vor allem, wonach sie suchten. Ich hatte aber zu viel Angst, um nachzufragen.

In der Zwischenzeit hatte meine Mutter mit dem Stationsarzt gesprochen, und als ich sie wiedersah, waren ihre Augen rot und verweint. »Was ist denn, Mama? Was ist mit mir?« »Wir wissen es nicht. Du musst in die Uniklinik. Dort muss man die notwendigen Untersuchungen machen.« Wir fingen beide an zu weinen.

»Werde ich sterben?«

Diese Frage! Warum stellte ich diese Frage? Ich wollte die Antwort nicht hören. Ich wollte wieder nach Hause. Zurück zu meinen Freunden und ins Schwimmbad. So schönes Wetter. Was mache ich überhaupt hier?

»Vielleicht«, antwortete meine Mutter.

Mensch, Mama, du bist doof! Wie kannst du so was sagen? Ich kann doch nicht sterben! So was passiert doch nur in Seifenopern oder in den Nachrichten oder wenn man mal ganz alt ist. Ich habe doch mein Leben noch vor mir! Ach, Mama, wie kannst du das sagen? Warum kannst du mich nicht in den Arm nehmen und sagen, es wird alles wieder gut?

Das wäre gelogen gewesen – und ich wusste es. Ich hatte eine ehrliche Frage gestellt und wollte eine ehrliche Antwort. Aber ich wollte sie trotzdem nicht hören. So schwer ist es, die Wahrheit zu akzeptieren! Ich schätze meine Mutter, weil sie die einzige war, die mir die Wahrheit und nichts als die Wahrheit sagte, immer. Und jetzt weiß ich: Ohne sie hätte ich es nicht geschafft.

Diagnose: Leukämie

Um 13.00 Uhr am Montag, dem 14. Oktober, fuhren meine Schwester, meine Mutter und ich im Krankenwagen in die Uniklinik. Die Fahrt war wirklich schrecklich! Vor allem musste ich pinkeln. Ich dachte, das würde ich nicht durchstehen.

Nach kurzer Zeit schlief ich ein, was mir sehr recht war. Mein Magen drehte sich, und ich hatte Angst, ein panisches Gefühl, als müsse ich aus dem Auto springen und weglaufen. Aber als ich wieder aufwachte, war alles anders: Eine seltsame Ruhe hatte sich in mir verbreitet. Kein Herzklopfen mehr, fast eine Erlösung. Meine Mutter saß an meiner Seite und fragte mich, was ich geträumt hätte. Ich lächelte, nahm ihre Hand und sagte:

»Hab keine Angst, Mama. Ich bin okay. Mach dir keine Sorgen um mich, denn es wird alles wieder gut. Du wirst sehen.«

Ich glaubte jedes Wort von dem, was ich sagte, und war zufrieden und glücklich. Es ist im Nachhinein schwer zu erklären, was da in mir vor sich gegangen ist. Eine seltsame Wärme, wie wenn man an einem kalten Tag in eine Badewanne steigt. Ich bin nicht gläubig, zumindest nicht was Kirche und Bibel betrifft. Aber durch meine Krankheit habe ich es geschafft, mir einen eigenen Glauben aufzubauen. Und dafür war diese Situation ein Schlüsselerlebnis, das ich nie vergessen werde. Ich schlief wieder ein und wachte erst auf, als wir angekommen waren.

Meine Schwester hielt meine linke Hand und meine Mutter die rechte, als ich auf die Station gebracht wurde.

Meine Schwester, die die ganze Zeit dabei gewesen war, wurde aber von der Stationsschwester weggeschickt: »Du bist zu jung, du darfst hier nicht rein.« Die Augen meiner Schwester füllten sich mit Tränen und meine auch. Ich nahm sie aber nochmals in den Arm und sagte mit fester Stimme: »Mach dir keine Sorgen. Du musst draußen warten. Ich liebe dich ganz doll. Vergiss das nicht.« Ich hatte Angst, es könnte das letzte Mal gewesen sein, dass ich meine Schwester sehen würde – ziemlich schwer zu glauben, dass wir heute streiten …

Mein erster Eindruck von der Station war also nicht gerade erfreulich: Wenn sie hier schon so grob mit meiner Schwester umgehen …! Aber dann beugte sich das hübsche Gesicht einer Frau über mich, die mit strahlendem Lächeln sagte, dass sie Schwester Lisa sei. Ein Lichtblick. So blieb es auch für sieben Monate, sie war immer mein Lichtblick, immer freundlich, immer fürsorglich. Doch das wusste ich ja am ersten Tag noch nicht.

Ich wurde ins Untersuchungszimmer gebracht, und alles fing nochmals von vorne an: die gleichen Fragen, die gleichen Untersuchungen. Ich fragte mich: Wozu das alles? Dinge wie: mit geschlossenen Augen die Nase mit beiden Zeigefingern berühren. Ich fasste vorbei und bekam wahnsinnige Angst. Was ist, wenn ich was im Kopf habe? Was ist, wenn ich verrückt werde? Kaum einer sprach mit mir. Sie sprachen nur miteinander in der typischen »Arztsprache«, warfen sich Blicke zu, schüttelten den Kopf. Sie sagten, sie müssten weitere Untersuchungen machen, die aber erst später durchgeführt werden könnten. Und so wurde ich in mein neues Zimmer gebracht.

Mir stockte der Atem, als ich ins Zimmer gerollt wurde. Jetzt bist du wirklich verrückt, Mavi, dachte ich. Ich hatte viel über Krebs gelesen, jedoch alles Theoretische nützt gar nichts. Ich teilte das Zimmer mit der fünfjährigen Kathrin, die eine Glatze hatte, und mit Jessica, die ebenfalls keine Haare hatte und in einem Bett lag, das

Wände rundherum hatte. Sie war ungefähr so alt wie ich. Warum war sie eingesperrt? Damit sie nicht rauskonnte? Sperren sie mich auch ein? Erst später erfuhr ich von ihrer Mutter, dass das nur so war, damit sie nicht rausfallen konnte.

Bald darauf musste meine Mutter mich verlassen, da meine Schwester ja alleine draußen saß. Nun war ich allein – mit einer Dreizehnjährigen hinter Gittern und einer Fünfjährigen, die dauernd quengelte. Niemand sprach mit mir. Mein Kopf schmerzte, weil ich mit aller Gewalt versuchte, die Tränen zurückzuhalten. Ich weine sehr ungern vor anderen. Ich drehte mich auf die Seite, zog die Decke über meinen Kopf und schlief ein.

Meine Mutter kam sehr früh am nächsten Morgen – wir hatten noch gar nicht gefrühstückt. Am Vormittag wurde die berüchtigte Untersuchung durchgeführt: eine Knochenmarkpunktion. Dabei wird aus dem Beckenknochen, dem Hüftknochen oder dem Brustbein mit einer langen Nadel Knochenmark aufgesaugt. Es gibt verschiedene Methoden, wie man das macht, ob mit oder ohne Betäubung. Ich bekam erst einmal ein Schlafmittel, dann ein Betäubungsmittel, und schließlich wurde die eigentliche Untersuchung durchgeführt. Ich bekam jedoch trotzdem alles mit, wenn ich auch glaubte, es sei ein Traum. Es tat sehr weh, und der Arzt musste sich mit aller Kraft auf die Nadel stemmen, damit sie in den Knochen kam. Ich fragte mich noch im Halbschlaf, ob sie mich durch den Tisch drücken wollten. Mutter war die ganze Zeit dabei und hielt meine Hand.

Am nächsten Tag nannten sie uns das Ergebnis: Leukämie. Und am Tag darauf sagten sie, welcher Art: AML – akute myeloblastische Leukämie. Leukämie, das ist Blutkrebs, das heißt, die Krebszellen befinden sich im Knochenmark, das Blut produziert. Diese Krebszellen können auch »auswandern« und sich irgendwo im Körper ansammeln, bei mir zum Beispiel im Oberschenkel. Das nennt man dann leukämisches Infiltrat.

Das Knochenmark produziert die drei verschiedenen Zellen des Blutes: Erythrozyten, die das Blut rot färben. Sie transportieren den Sauerstoff in alle Organe. Leukozyten, die Entzündungen bekämpfen, und Thrombozyten, die zum Beispiel helfen, eine Blutung zu stillen, wenn man sich verletzt hat.

Bei Leukämie vermehrt sich eine bestimmte Gruppe der Leukozyten zu schnell. Diese Zellen können gar nicht erst auswachsen, um ihre Aufgaben zu erfüllen. Ich habe sie mir immer als Babyzellen vorgestellt, arme hilflose Zellen, die sich nicht mehr unter Kontrolle haben. Aber seit wann sind Babys so gefährlich? Das Problem liegt darin: Wenn es so viele nicht ausgereifte Zellen im Knochenmark gibt, werden die anderen erwachsenen Zellen weggedrängt. Für sie gibt es dann einfach keinen Platz mehr, und dadurch kommen die Symptome: Blässe, blaue Flecken, häufige Infekte.

Chemotherapie – das sind Gifte, die Zellen, die sich schnell vermehren, töten. Und da die Leukämiezellen sich sehr schnell teilen, werden sie von der Chemo angegriffen. Aber ganz so einfach ist es auch wieder nicht, sonst wäre Leukämie nicht so gefährlich. Die Leukämiezellen sind nämlich ziemlich gewitzt. Manche hören einfach eine Zeitlang auf, sich zu teilen. So können sie von der Chemo gar nicht erst angegriffen werden! Sie warten ab, bis keine Bedrohung mehr für sie besteht, und fangen dann von vorne an.

Dazu kommt das Problem, dass Leukämiezellen ja nicht die einzigen sind, die sich schnell teilen. Die Thrombozyten, Erythrozyten und natürlich die gesunden Leukozyten teilen sich ja auch recht schnell, also werden sie von der Chemo angegriffen, obwohl sie gesund sind. Deshalb verabreicht man während der Therapie Thrombozyten und Blutpräparate, die Erythrozyten enthalten, sonst würde der Körper die Strapazen der Chemo gar nicht überstehen! Leukozyten kann man leider nicht zusätzlich geben, das würde gegen das Prinzip der Chemotherapie arbeiten, nämlich die Leukozyten auf ein absolutes Minimum zu bringen, um auch die Zahl der erkrankten Zellen zu vermindern. Dabei nimmt man in Kauf, dass der Körper besonders anfällig für Infektionen wird. Angegriffen werden durch die Chemotherapie genauso die Haare, die Mund- und die Magenschleimhaut und viele andere sich schnell teilende Zellen. Die Haare fallen daher aus, und die Mundschleimhäute werden so sehr angegriffen, dass man manchmal kaum schlucken kann.

Für jeden Patienten wird ein Behandlungsplan mit den verschiedenen Medikamenten und Mengen ausgeklügelt – je nach Art der Krankheit, nach Größe und Alter. Zu mir sagte man, über 95 Prozent meines Knochenmarks bestünde aus Leukämiezellen, und dementsprechend müssten sie jetzt agieren. Zu meiner Mutter sagten sie, es werde wahrscheinlich nichts mehr nützen.

Meine Mutter teilte mir die Diagnose mit. Es war schon dunkel, und wir gingen im Park spazieren. Für mich war die Diagnose nicht überraschend, was für sie nur schwer verständlich war. Es flossen keine Tränen, weder aus Trauer noch aus Wut. Ich glaube, ich empfand ganz einfach, dass die Krankheit eine neue Aufgabe war.

Ich habe mich noch nie gefragt: »Warum ich?« Was bringt es auch? Die Krankheit ist jetzt da – hier und in Zukunft. Da hilft die Vergangenheit oder einfach das »Vorherige« nicht mehr viel. Zu diesem Zeitpunkt habe ich noch an Gott geglaubt, so wie er uns in der Kirche geboten wird, obwohl ich nie in die Kirche gegangen bin. Ich sagte mir: »Hey, wach auf! Irgendetwas machst du verkehrt. Irgendetwas musst du ändern, und das soll durch diese Krankheit passieren. Gott hat sie dir gegeben, und er wird dir helfen, das Richtige zu tun – was aber noch lange nicht heißt, am Leben zu bleiben.«

Inzwischen hat sich mein Denken gewaltig geändert, aber das kam erst zu einem späteren Zeitpunkt. Nur eins hatte ich noch nie: Angst vor dem Sterben. Ich habe auch mit meiner Mutter darüber gesprochen, sehr oft. Der Tod ist und war für mich immer ein Bestandteil des Lebens, und nichts, wovor man sich fürchten müsste. Für mich ist das Sterben irgendwie »egoistisch«. Ich gehe irgendwohin, und die anderen müssen zurückbleiben und sehen, was sie damit anfangen. Niemand hat ja Kontrolle darüber, ob und wann er stirbt. Und doch ist das Sterben ein Teil des Lebens.

Intensiv-Therapie

Am 17.10.1991 fing für mich die erste Intensivphase der Chemo an. Am folgenden Tag bekam ich meine erste Lumbalpunktion. Dabei wird untersucht, ob sich Krebszellen im Gehirn oder im Rückenmark abgesetzt haben. Eine lange Nadel wird zwischen zwei Wirbel gesetzt, weit unten, wo keine Nerven verletzt werden können. Es wird Liquor abgenommen – das ist die klare Flüssigkeit, die im Lumbalsack vorhanden ist –, um sie auf Leukämiezellen zu untersuchen. Mit derselben Nadel kann man auch Medikamente injizieren, die dann direkt in den Liquor und damit in das Gehirn gehen. Damit verhindert man die Verbreitung der Krebszellen im Gehirn.

Kürzlich habe ich ein Lehrbuch über Leukämie gelesen. Da werden die verschiedenen Untersuchungen beschrieben. Es hat mich ziemlich aufgeregt, dass sie dort geschrieben haben, eine Lumbalpunktion – kurz L.P. genannt – tue nicht weh. Einfach so! Das Buch ist von Ärzten geschrieben worden, die diese Untersuchung bestimmt nie am eigenen Leibe erfahren haben. Wie können sie einfach behaupten, L.P. würde nicht weh tun? Schmerz ist eine sehr subjektive Sache. Was den einen in Tränen versetzt, verursacht beim anderen nicht einmal ein leichtes »Aua«. Schmerz braucht physisch nicht spürbar zu sein, er kann auch im Kopf ablaufen, was nicht weniger schlimm ist.

Ich definiere Angst als eine Form von Schmerz, einen psychischen Schmerz. Was ich fühle, was ich denke, das sind zwei verschiedene Sachen, jedoch beeinflussen sie sich gegenseitig. Ich denke, ich habe Schmerzen, ich habe Angst, und bald fühle ich diese Angst in meinem Körper, definiert als Schmerz. Angst kann ein Auslöser von Schmerzen sein, also muss man eine Situation ohne Angst schaffen. Ein Arzt braucht sehr viel Feingefühl, um auf die Bedürfnisse jedes einzelnen Patienten eingehen zu können. Ich habe aber in der ganzen Zeit in jener Uniklinik keinen Arzt erlebt, der bereit war, die Zeit und die Geduld dafür aufzubringen.

Die L.P. war für mich schlimmes Erlebnis. Beim Frühstück wurde mir gesagt, dass ich irgendwann im Laufe des Vormittags eine L.P. haben würde. Ich solle nicht zu viel essen oder trinken, damit ich mich nicht übergeben müsse. Und so lag ich im Bett und wartete. In meinem Kopf begann sich die Angst aufzubauen, und ich kämpfte dagegen an, dass sie überhand nahm. Ich ging nochmals auf die Toilette, denn nach der L.P. durfte ich 24 Stunden lang nicht aufstehen, mich nicht aufrichten. »Ganz flach liegen, sonst kriegst du Kopfschmerzen und Übelkeit. Nicht bewegen«, sagte mir die Schwester von der Frühschicht, und die Schwester von der Nachtschicht motzte mich an, als ich klingelte, weil ich auf die Toilette musste und ja nicht aufstehen durfte. »Du bist nur zu faul, um aufzustehen.« Aber es war nicht Faulheit, sondern Angst, Angst vor Schmerzen. Mir war gesagt worden, wenn ich mich aufrichtete, würde ich Schmerzen bekommen, und bei mir gingen alle Alarmlampen im Kopf an: Bloß nicht aufstehen! Heute weiß ich, dass es nicht unbedingt so sein muss. Wenn man sich wohl fühlt, kann man schon eher aufstehen, außer man hat auch gleichzeitig mit der L.P. Medikamente für das Zentralnervensystem – ZNS – bekommen. Die brauchen eine Weile, um sich im Gehirn zu verteilen.

Bei der Punktion wurde ich festgehalten. Ich lag auf der Seite, Beine angezogen, Rundrücken – wie ein Baby. Zwei Schwestern hielten mich fest wie eine Irre. »Nicht bewegen, bleibst du still? Wir halten dich lieber fest ...« Dabei war ich ruhig. Ich konzentrierte mich auf meine Atmung und kämpfte gegen dieses Monster namens Angst. Ich überlegte, welche Schulstunde meine Klassenkameraden jetzt ertragen mussten und was es wohl zum Mittagessen geben würde – alles fröhliche Gedanken, und dabei entspannte ich mich. Aber es blieb dieser Schmerz, zu wissen, dass die Nadel sich zwischen meinen Wirbeln befindet. Dieses ziehende Gefühl, wenn die Flüssigkeit abgesaugt wird. Das heftige Herzklopfen, als der Arzt sagte, es habe nicht geklappt. Noch einmal von vorne. Ach, ja – und danach wurde ich ins Bett getragen, vom Arzt persönlich! Das einzige Mal, dass er mich anfasste, ohne eine Untersuchung vorzunehmen! Es gab also doch Positives an dieser L.P. Für winzige Sekunden fühlte ich mich als Mensch behandelt, wie ein Kind, das man ins Bett bringt, damit es keine Schmerzen hat. Wenige Sekunden in einem Zeitraum von über acht Monaten! – Ich lernte, mich mit wenig zufriedenzugeben.

Isolation

Die erste Phase der Therapie war sehr hart, und bald machten sich die ersten Nebenwirkungen bemerkbar. Meine Leukozyten* fielen auf 800 – normal ist zwischen 4000 und 10000 –, und ich musste in das »Schleusenzimmer«, damit ich keinen Infekt bekam. In diesem Zimmer lag ich allein. Wer reinkam, musste einen Mundschutz tragen und sich davor die Hände desinfizieren. Ich durfte nicht raus und auch nicht das Fenster öffnen. Das Einzige, was mich mit der Außenwelt verband und eine Möglichkeit der Kommunikation gab, war meine Klingel – diese geliebte, lebenswichtige Klingel. Wenn die Flasche leer war, klingelte ich, sonst ging die Vene zu, und man hätte neu stechen müssen.

Zu der Zeit hatte ich keine Toilette im Zimmer und musste immer auf die Bettpfanne, was für mich wahnsinnig degradierend war. Ich war dreizehn – ein schwieriges Alter. Aber ich war schon immer scheu gewesen, sodass meine Mutter mich schon seit Jahren nicht mehr nackt gesehen hatte. Und nun musste ich mich vor wildfremden Menschen ausziehen! Diese Situation war für mich fast schmerzlicher als die Schmerzen. Ich kam mir wahnsinnig ausgeliefert und hilflos vor. Wenn ich auf die Toilette musste und meine Mutter nicht da war, musste ich warten, bis eine Schwester Zeit für mich hatte.

Ich kann mich noch genau an eine Schwester erinnern. Sie war um die fünfzig, lang, dünn, exakt frisiert und stark geschminkt. Am schlimmsten aber war ihr Reinlichkeitsfimmel. Der war wirklich schon krankhaft. Sie wollte mir sogar mein einziges Kuscheltier wegnehmen, weil zu viele Bakterien drin sein könnten. Jeden Morgen begrüßte sie

* Leukozyten: Weiße Blutkörperchen, die für das Abwehren von Krankheitserregern zuständig sind.

mich mit den Worten: »Bei dir sieht es ja mal wieder aus wie im Saustall.« Dabei sah das Zimmer nicht anders aus als am Tag zuvor, denn zu der Zeit konnte ich ja nicht aufstehen, ich war einfach zu schwach. Die Chemo griff meinen Magen an, denn die Schleimhaut löste sich ab, eine krampfhafte Prozedur, die eine Woche Durchfall bedeutete. Jeder, der schon mal Durchfall hatte, weiß: Wenn man muss, muss man genau dann. Aber nun lag ich allein im Zimmer – die Mama war noch nicht da. Plötzlich wurde ich von schrecklichen Schmerzen überfallen, mein Magen drehte sich. Ich klingelte sofort meine geliebte Klingel und wartete. Ich starrte auf die Tür, auf die Lampe, die rot aufleuchtete. Wo blieben sie? Warum kam niemand? Ich kniff mit aller Kraft die Pobacken zusammen. Panik breitete sich in mir aus: Ich durfte doch nicht ins Bett machen! Ich war doch dreizehn Jahre alt. Hilfe! Ich heulte, was die Lage nicht gerade erleichterte. Warum kam niemand? Durch die Glastür sah ich, wie Leute vorbeihuschten, aber niemand kam zu mir. Ich konnte nicht aufstehen und nicht mehr als Klingeln. Ich fühlte mich allein wie noch nie in meinem Leben. Mein Magen gewann den Kampf – und alles war im Bett. Meine Gefühle werde ich nie vergessen. Absoluter Ekel vor mir selbst. Ich bedauerte mich und schämte mich schrecklich. Wenn mich damals jemand gefragt hätte, was ich mir wünschte, hätte ich nur »sterben« gesagt. Ich heulte und lag in meinem eigenen Dreck.

Endlich, nach fünfzehn unendlich langen Minuten, kam eine Schwester. Aber nicht irgendeine Schwester, sondern natürlich die Schwester mit dem Reinlichkeitstick. »Nun sitzt du tatsächlich in der Scheiße«, dachte ich verzweifelt. Zu meinem gebrochenen Stolz bekam ich nun auch noch ein schlechtes Gewissen eingeredet: Ich sei ja schließlich dreizehn, da müsse man sich beherrschen können, egal, was für eine Krankheit man habe. Ich solle mir vorstellen, wie viele Bakterien sich jetzt in meinem

Raum verbreitet hätten. Nun müsse sie das ganze Zimmer von neuem desinfizieren, und ich sei schuld!

Daraufhin zog ich mich zurück. Ich redete nur noch mit meiner Mutter und ließ meine Krämpfe und die Bettpfanne gefühllos über mich ergehen. Von da an ging es psychisch bergab mit mir.

Selbst Kämpfen

Während der Therapie hatte ich zwei besonders einschneidende Erlebnisse, die auf ihre Art jeweils eine Wende für mich darstellten. Das erste, wovon ich zunächst erzählen möchte, nenne ich ein Todeserlebnis, denn ich war mir sicher, meine letzte Stunde habe geschlagen. Das zweite werde ich in diesem Buch später beschreiben.

Wenige Tage nach dem furchtbaren Erlebnis mit der Klingel passierte es. Es fällt mir schwer, darüber zu reden, denn die wenigsten glauben mir. Ich komme mir dann immer vor wie in der Sendung »Unglaublich – aber wahr«, wo die Leute von Außerirdischen und Ungeheuern berichten. Man hört es sich gern aus Neugier an, aber glauben tut man es noch lange nicht.

Ich wachte mit rasenden Kopfschmerzen auf, als würden Ratten auf meinen Synapsen herumkauen. Wenn ich die Augen zumachte, bildete ich mir sogar ein, sie zu sehen. Wenn man nur das Bett höher stellte, wurde es mir schon schlecht. Ausgerechnet an diesem Morgen entschieden die Ärzte, es müsse ein EEG gemacht werden – da werden Gehirnströme gemessen. Es war noch recht früh am Vormittag, und die Mama war noch nicht da. Ich sagte, ich müsse vorher nochmals auf die Toilette, worauf die Schwester mit dem Reinlichkeitsfimmel meinte, es sei an der Zeit, dass ich selbst aufstünde. Ich bettelte, dass sie die Bettpfanne holen möge. Sie weigerte sich und hob mich aus dem Bett auf die Füße. Mir wurde es schwarz vor den Augen, was sich aber dann legte. Sie stützte mich, und ich ging langsam der Toilette entgegen. Ich wusste nicht, was schlimmer war: die Kopfschmerzen, mein Herzrasen oder meine Blase. Bis zur Toilette schaffte ich es, aber auf dem Rückweg rebellierte mein Körper. Sie hoben mich vom Boden auf die Liege und sagten, ich müsse zum EEG, sonst käme ich zu spät. Ich hörte schon gar nicht mehr zu und kann mich nur noch dunkel daran erinnern, wie an meinem Kopf Kabel befestigt wurden. Ich bekam alles nur noch durch einen Schmerzschleier mit: die blinkenden Lichter, Augen zu, Augen auf. Ich wartete nur noch darauf, wieder ins Bett zu können. Als mir dieser Wunsch endlich gewährt wurde, verkroch ich mich unter meiner Decke. Meine Mutter saß neben meinem Bett und streichelte meine Hand.

Auf einmal fühlte ich mich trotz meiner geschlossenen Augen unendlich müde, als müsse ich meinen Körper noch mehr entlasten, als ich schon tat, wie ein Läufer, der den ganzen Tag in der prallen Sonne gelaufen ist und nur noch schlafen möchte. Die Müdigkeit, die ich fühlte, massierte meinen Körper – ein herrliches Gefühl. Meine Kopfschmerzen waren vergessen, und ich empfand nur noch ein Gefühl der Wärme in mir. Ich versuchte, an meine Hände zu denken, was mir aber nicht gelang. Ich spürte meinen Körper nicht mehr, nur noch mich selbst. Ich hatte das Gefühl zu fliegen und hörte nur noch vage, wie Schwestern, Ärzte und sogar der Herr Professor sich um mich versammelten. Aber ich hörte nicht mehr hin. Ich wollte mich einfach aufgeben.

Was ich aber nicht tat. Noch nie war mir etwas schwerer gefallen, als in diesem Augenblick meine Augen zu öffnen. Es kostete Kraft und Überwindung, aber als ich in die Augen meiner Mutter blickte, war es für mich die Bestätigung, dass meine Anstrengungen sich gelohnt hatten.

Was von den Ärzten als »schwerer Kreislaufkollaps« bezeichnet wurde, ist für mich eine wichtige Erfahrung gewesen. Mir wurde bewusst, dass ich zu meiner Genesung beitragen konnte. Ich konnte mir selbst helfen. Ich fing an, autogenes Training zu machen. Vor dem Schlafengehen stellte ich mir vor, alle Krebszellen mit einem Besen aus meinem Körper zu fegen. Ich fegte und fegte, bis ich einen riesigen Haufen Zellen hatte, die ich dann auf den Mond brachte und dort vergrub. Als die schlechten Zellen weg waren, konzentrierte ich mich auf die gesunden. Ich sah zuerst nur eine Zelle – weiß und rund. Und dann – langsam, aber sicher – teilte sie sich. Schritt für Schritt. Nun hatte ich zwei Zellen. Diese teilten sich auch wieder in der gleichen Weise wie die erste. Und so ging es immer weiter, bis ich einschlief. Ich erhoffte mir davon, dass meine Leukos zunahmen, damit ich endlich aus dem Zimmer durfte.

Tatsächlich: Manchmal stiegen sie. Ein anderes Mal änderten sie sich nicht, und manchmal fielen sie sogar wieder. Das machte mir aber nichts aus, da ich voller Optimismus war. Wenn sie gefallen waren, sagte ich mir einfach, dass sie noch viel mehr gefallen wären, wenn ich sie nicht ermuntert hätte. Ich war mir immer klar darüber, dass ich nicht alles machen konnte. Es gab für mich feine Grenzen zwischen dem, was ich bewirken konnte, und dem, was mein Körper sowieso machte. Ich sagte dann zu mir selbst: »Okay, Körper, ich weiß, du willst die Leukos wieder fallen lassen, was ich auch verstehen kann bei den Medikamenten, aber ich werde es nicht zulassen, dass du aufgibst. Ein paar Leukos werden dagegen ankämpfen, und anstatt auf 500 zu fallen, werden sie nur auf 700 fallen.« Ich setzte meine Hoffnung in die Tatsache, dass wenigstens einer mich nicht aufgeben würde: ich selbst.

Stations-Alltag

Nach zwei Wochen kam ich aus der Isolation und wieder zu Jessica und Kathrin, und nun lernte ich den Klinikalltag kennen. Ich war wie alle anderen – ohne Haare, offener Mund, Nierenschale neben dem Bett – für die plagende Übelkeit. Aber man gewöhnt sich daran. Jessica konnte leider nicht sprechen, aber dafür hielt mich die fünfjährige Kathrin auf Trab. Nachdem sie ihre anfängliche Scheu abgelegt hatte, wurde sie mir manchmal fast zur Plage, was ich aber genoss. Sie erzählte den ganzen Tag die wildesten Geschichten. Ich werde diese Stimme nie vergessen: ganz fein, und sie lispelte, was genau zu ihrer Stimme passte. Ich weiß noch genau, wie sie geweint hat, als die Schwester mit dem Reinlichkeitsfimmel zu ihr sagte, sie solle gefälligst anfangen, normal zu sprechen, so könne sie nicht in die Schule gehen. O Mann, hatte ich damals eine Wut! So was Gemeines! Manchmal nachts, wenn sie ihre Mutter vermisste, kam Kathrin samt Kabel und Ständer zu mir ins Bett, und ich hielt sie, worauf ich aber von der berühmten Schwester jedes Mal einen Vortrag bekam, wie unhygienisch das sei. Ich tat es trotzdem. Ja, ja, man rächt sich im Kleinen ...

Um sieben Uhr morgens wurden wir geweckt, mal freundlich, mal weniger freundlich. Dann hieß es waschen – wenn man aufstehen konnte, am Waschbecken, wenn nicht, im Bett. Was habe ich mich nach einer heißen Dusche gesehnt! Ich durfte wegen meiner Thrombos nie baden. Dieses ewige Rumgefummel mit dem Waschlappen trieb mich in den Wahnsinn, vor allem, wenn ich nicht aufstehen konnte und gewaschen wurde. Ab und zu kam noch das alte Schamgefühl auf, aber keiner nahm darauf Rücksicht. Na ja, dachte ich, wenn das erst mal vorbei ist, sprühe ich mich mit Kölnisch Wasser ein. Heute kann ich das Zeug nicht mehr riechen.

Anschließend wurden das Bettzeug gewechselt, Blut abgenommen und die jeweiligen Medikamente gegeben. Und dann kam das Frühstück. Je nachdem, wie es mit meiner Verdauung ging – Durchfall oder Verstopfung –, aß ich Brötchen mit Honig oder Nutella – eigentlich lächerlich, aber es wurde zur Routine.

Während der Chemo verlor ich nie viel Gewicht. Wenn es mir ganz schlecht ging, aß ich manchmal eine Woche lang absolut nichts, dafür fraß ich aber wie ein Raubtier, wenn es mir gut ging. Und so kam es gar nicht so selten vor, dass ich mal drei Brötchen und dazu noch Cornflakes zum Frühstück aß. Heute denke ich sogar mit etwas Wehmut an die Zeit zurück, als ich so viel essen durfte, wie ich wollte, heute, wenn ich mal verzweifelt versuche, ein bis zwei Kilo abzunehmen – wie sich die Prioritäten ändern!

Nach dem Frühstück kam mein Sonnenschein: meine Mutter. Immer lächelnd, immer mit einem riesigen Korb dabei voller Briefe und Geschenke und natürlich Essen. Am Anfang bekam ich Unmengen an Post von Leuten, die ich kannte oder nicht kannte. Mit der Zeit blieb nur noch der harte Kern – Freunde fürs Leben.

Auf meiner Station gab es auch zwei »Spielzimmerfrauen«, eine Lehrerin und meinen »Liebling«, den Psychologen. Wenn ich einen Preis verleihen dürfte für den »nervösesten Menschen des Jahres«, würde gewiss er ihn bekommen. Dieser »Mensch« – ob er einer war, erschien mir ungewiss – brauchte eigentlich selber dringend Hilfe. Unser erstes Gespräch verlief so:

Er: »Na, Mavi, wie geht's dir?«

Minuspunkt Nummer eins, dies ist die meistgehasste Frage unter den Krebspatienten. Mir war es übel, ich hatte Bauchschmerzen, leichtes Fieber, Angst. Was sollte ich schon antworten?

Ich: »Gut.«

Das sagt man ja so.

Er: »Du siehst aber schlecht aus. Warum machst du dich nicht mal hübsch für uns?«

Toll! Ich hatte keine Haare, Ausschlag im Gesicht, eine Riesenwunde am Bein, und mein Mund war voller Blasen. Warum, zum Teufel, sollte ich mich hübsch machen? Das war das Letzte, was mir in den Kopf kam!

Ich: »Nein.«

Er: »Siehst du, du bist eitel – wie alle in deinem Alter. Das ist bewiesen. Warum bist du bloß so eitel?«

Darüber musste ich erst einmal nachdenken. Wieso kam er jetzt darauf? Eitel? Weil ich mich im Krankenhaus nicht schminkte? Vielleicht hatte ich nicht genug Hirnwindungen, um diese Logik zu kapieren.

Als er nun darüber unbedingt eine Diskussion anfangen wollte, sagte ich, ich sei zu müde. Mit anderen Worten: »Hau ab!« Er kam aber immer wieder – wie eine Erkältung bei nassen Füßen. Unglaublich. Dabei wollte er nur das eine: Fragebögen, Fragebögen ... Der gute Herr schrieb nämlich zur Zeit seine Doktorarbeit über die Ängste von jugendlichen Krebspatienten. Das große Pech war nur, dass niemand seine blöden Fragen beantworten wollte. Er kam immer und immer wieder. Und jedesmal fragte er mich: »Willst du nicht doch mitmachen?« Schließlich sagte ich zu, in der Hoffnung, er werde mich danach in Ruhe lassen, und auch ein bisschen aus Mitleid für dieses aufgeschwemmte Etwas hinter der Hornbrille.

Als ich die Hälfte seiner blöden Fragen beantwortet hatte, kam ich wieder in Isolation. Ich hatte keine Lust mehr auf seine Fragen. Von da an kam er mittags immer um die gleiche Zeit, beobachtete mich beim Essen und sagte kein Wort, aber nur, wenn meine Mutter nicht da war. Ich durfte ja nicht raus und konnte vor diesem glotzenden Menschen nicht flüchten. Irgendwann hat es mir gereicht. Ich sagte, ich wolle ihn nicht wiedersehen. Sollte er nochmals mein Zimmer betreten, würde ich einen Schreikrampf bekommen. Zwei Tage später bekam ich einen Brief von ihm. Rührend, Mitleid heischend – und ganz nebenbei: ob ich nicht doch noch die Fragen fertig machen wolle. Aber ich sah ihn – Gott sei Dank! – nie wieder. Er hat bei mir eine Narbe hinterlassen. Wenn ich heute das Wort »Psychologe« höre, ergreife ich erst einmal die Flucht.

Mit einer Lehrerin machte ich eine Zeitlang Mathe – bis ich eines Tages mal keine Lust hatte. Da ist sie beleidigt abgezogen und hat sich geweigert, noch irgendetwas mit mir zu machen, bis ich mich entschuldigt hätte. Ich sah nicht ein, warum ich das sollte, und lernte alleine weiter. Als die Therapie vorüber war, bin ich noch zweieinhalb Monate in die Schule gegangen, habe alle Arbeiten mitgeschrieben und bin mit einem Durchschnitt von 2,4 versetzt worden. Alles durch eigene Leistung.

Das Spielzimmer war auch nicht ganz mein Fall. Welche Dreizehnjährige will schon mit Barbiepuppen spielen? Ich konnte dort nur Gipsmasken und Seidentücher bemalen. Doch nachdem ich eine Maske, fünf Tücher und unzählige Weihnachtskarten bemalt hatte, verging mir auch dazu die Lust. Und die zwei Betreuerinnen wussten auch nichts mit mir anzufangen. Sie waren nur kleine Kinder gewohnt, die man leichter unterhalten kann. So war ich ziemlich auf mich gestellt und musste mich selbst beschäftigen, besonders in den Zeiten, als ich in Isolation war – mein Rekord: vier Wochen! Außer meiner Mutter kam dann niemand, nur eine Schwester, die morgens Frühstück brachte, Temperatur und Puls maß, eine andere, die das Mittagessen brachte und das Frühstücksgeschirr abräumte, und natürlich eine dritte, die das Abendbrot brachte und das Mittagsgeschirr abräumte. Das Abendbrot-Tablett wurde von der Nachtschicht weggebracht. Sonst sah ich nur jemanden, wenn Medikamente gegeben wurden, wenn Temperatur gemessen wurde und wenn ich mal klingelte, weil ich zum Beispiel Tee wollte.

Aber mit dem Klingeln war es nicht immer unproblematisch. Manchmal wurde ich übersehen oder vergessen und wartete vergeblich. Ich kann mich an ein typisches Beispiel erinnern: Ich klingelte kurz vor der Abendübergabe und fragte nach etwas zu trinken. Ich solle warten, die nächste Schicht werde es bringen. Nur leider vergaßen sie, der nächsten Schicht meinen Wunsch mitzuteilen. Nach eineinhalb Stunden klingelte ich nochmals. Ich solle bitte warten, sie machten gerade den Durchgang. Nach einer weiteren Stunde schlief ich ein und wurde erst von der Nachtschicht wieder aufgeweckt, die um 3.00 Uhr früh Fieber maß. Ich hatte immer noch nichts zu trinken. Solche Sachen passierten mir öfter. Ein erniedrigendes Gefühl: Man kann sich selbst nicht helfen, bekommt von den anderen aber auch keine Hilfe! Es ist schlimm genug, »eingesperrt« zu sein, aber noch viel schlimmer ist es, sich verlassen zu fühlen.

Acht Monate Klinikaufenthalt

Ich habe mich schon gefragt, wie ich die Schmerzen ausgehalten habe und ob ich nie aufgeben wollte. Ich wollte nie wegen der Schmerzen aufgeben, sondern nur wegen der Angst. Meine größte Angst: der Tropf!

Dafür wird eine Kanüle in die Vene am Arm, an der Hand oder am Fuß gelegt, manchmal auch am Kopf. Durch diese Kanüle wird Blut entnommen und die Chemo in die Vene getropft. So ein Tropf hielt aber nicht ewig – bei mir durchschnittlich eine Woche. Das bedeutet: Mal hielt er nur wenige Stunden und einmal sogar drei Wochen lang. Ein Tropf geht »kaputt«, wenn zum Beispiel nichts mehr in die Vene reinläuft. Dann wird die Kanüle entfernt und woanders neu eingestochen. Ich hatte 24 Stunden am Tag Flüssigkeiten laufen, außer Chemo auch Glukosewasser.

Wenn eine Flasche leer war, wurde sie abgehängt und eine neue drangehängt. Wenn eine Flasche zu lange leer ist, geht der Tropf kaputt. Ich hatte aber über 30 Tröpfe ... (Schau dir einmal deine Venen an und stell dir vor, dass dort 30 Nadeln voll funktionsfähig untergebracht werden sollen!) So ist es nicht schwer zu verstehen, dass nach geraumer Zeit die Suche nach einer Vene immer schwerer wurde: suchen, wühlen, puhlen, rausnehmen. Ich entwickelte eine panische Angst davor. Ich hütete meinen jeweiligen Tropf wie ein Kind, bekam Anfälle, wenn jemand daran stieß, denn dadurch konnte er auch kaputtgehen. Ich beobachtete meine Flaschen und konnte nachts nicht schlafen vor Angst, die Flasche könnte leer werden und der Tropf kaputtgehen. Und so passierte es mir auch einmal, dass die Flasche leer war und ich klingelte. Ich wartete und wartete. Nach einer Dreiviertelstunde kam eine Schwester. Der Tropf war zu. Neues Suchen, Stechen, Puhlen. Während der gesamten Therapie hatte ich davor am meisten Angst.

Die Visite

Am Vormittag war Visite. Manchmal war sogar der Professor dabei. Vor dem Professor hatte ich immer Ehrfurcht. Er war ein langer Mann mit einem weißen Kittel und grauen Haaren, sprach selten mit mir und gab uns allen deutlich zu verstehen, dass wir abhängig waren von ihm. Er hatte die Medikamente – man musste einfach darauf vertrauen, dass er das Richtige tat.

Nach der Intensivtherapie habe ich die Klinik gewechselt und erfahren, dass es auch anders geht. Es gibt auch Kliniken, wo man wie ein Mensch behandelt wird und nicht nur Patient Typ A oder B oder C ist. Das war der große Fehler der ersten Klinik, auch der Fehler des Psychologen. Alle waren nur an Statistiken interessiert, an Kategorien und Prozentzahlen. Niemand dachte darüber nach, dass das auch Menschen sind, die da liegen, mit Ängsten, Hoffnungen, Schmerzen, Gefühlen. Irgendwie muss das während des Studiums verloren gegangen sein.

Es waren ziemlich oft Studenten bei mir, die mich untersuchen durften, mal hier tasten, mal dort drücken, Fragen stellen … Ich hatte nie etwas dagegen. Sie lächelten und unterhielten sich mit mir – fragten nicht nur, was mir wehtat, sondern auch ob ich Geschwister habe, was meine Hobbys seien, ob ich auch Pizza möge … Als Ausrede für die Ärzte hört man, dass sie zu viele Patienten hätten, um sich Zeit für jeden Einzelnen nehmen zu können. Das ist Unsinn, wofür sind sie denn Arzt geworden? Ich möchte Medizin studieren, und ich werde mir als Ärztin Zeit nehmen für jeden einzelnen Patienten. Sie sollen sich als »Mensch« fühlen können. Nach der Visite wurden die Knochenmark- und Lumbalpunktionen durchgeführt. Und bald darauf gab es Mittagessen.

Das Essen

Ich aß sehr selten das Klinikessen. Wie schon gesagt, kam meine Mama jeden Tag und brachte, was ich haben wollte. Rohes Obst oder Gemüse durfte ich wegen der Bakterien nicht essen, auch kein Eis. Am liebsten habe ich Semmelknödel mit Pilzsoße gegessen, und ich tat es zu jeder Gelegenheit. Das Klinikessen war fade und glitschig. Der Koch hatte von Gewürzen offenbar nie etwas gehört. Ich sollte auch nicht zu scharf essen, hatte man mir gesagt. Aber war das richtig? Ich kann mich an eine Situation erinnern, in der mir ganz übel war. Nicht einmal Kamillentee konnte ich im Magen behalten. Meine Zimmernachbarinnen aber hatten sich Pizza mit Peperoniwurst bestellt. Bei dem Geruch lief mir das Wasser im Munde zusammen, und ich konnte mich nicht zurückhalten. Obwohl der Arzt mich ausdrücklich gewarnt hatte, bekam ich ein ganzes Stück davon runter, wo es auch blieb. Das war gar nicht so einfach, denn mein Mund war so empfindlich, dass ich nichts mehr kauen konnte. Ich habe aber jeden Bissen gelutscht und es genossen. Das Erstaunliche war, dass mein Magen alles behielt! Ich finde, das ist ein deutliches Beispiel für den Einfluss der Psyche auf den Körper.

Nach dem Essen wurde geruht. Irgendwann gewöhnte ich mir an, in dieser Zeit stumpfsinnige Seifenopern im Fernsehen anzusehen. Ich kannte bald alle Figuren, wer mit wem verheiratet war, eine Affäre mit seinem Nachbarn hatte, wer wen nicht mochte. Eigentlich beschämend, aber in der Not frisst der Teufel Fliegen, und das Fernsehen war eine hervorragende Ablenkung vom Alltag. Ich habe mir die Probleme anderer Leute angeschaut und dabei meine eigenen vergessen. Die Nachmittage verliefen nicht anders als die Vormittage, mit der Ausnahme, dass keine Visite und auch keine Punktionen stattfanden. Heute merke ich deutlich, dass ich viel allein war. Im Gegensatz zu meiner Schwester kann ich mich sehr wohl allein unterhalten. Stundenlang kann ich in meinem Zimmer sitzen, irgendetwas finde ich immer. Meine Schwester braucht immer Beschäftigung: »Mir ist es langweilig, mach was mit mir.« Sie ist zwar auch jünger, doch merkt man trotzdem den Unterschied zwischen uns beiden.

Meine Schwester

Ich bewundere sie sehr. Immer war sie allein, ohne die Mama. Trotzdem ging sie in die Schule, schrieb Einsen und verhielt sich so wie jedes andere achtjährige Kind. Sie wusste auch nie, was mit mir los war. Heute rede ich mit ihr darüber, und sie sagt immer nur erstaunt: »Das wusste ich ja damals gar nicht!« Sie musste mit ansehen, wie viel

Trubel um mich gemacht wurde. Ich bekam täglich Post und Geschenke. Sie bekam gar nichts. Meistens musste sie auf die Mama verzichten. Ich verstehe es nicht, wie sie das über acht Monate – und noch länger – ausgehalten hat. Ohne Wutanfälle zu bekommen, ohne der Mama das Leben noch schwerer zu machen. Ich bin richtig stolz darauf, so eine große, kleine Schwester zu haben!

Meine Schwester durfte mich nie im Krankenhaus besuchen. Die vielen Stunden, die meine Mama bei mir verbrachte, musste sie zu Bekannten. Die Trennung war sehr schwer für mich und auch für sie. Ich machte Fotos von meinem Zimmer, und sie schrieb mir Briefe. Auch wenn wir uns heute streiten, ist es schön zu wissen, dass wir uns sehr lieb haben. Das ist das Wichtigste.

Kliniknächte

Das Abendbrot kam in Plastikschüsseln, die mit Folie versiegelt waren. Wer die Wahl hat, hat die Qual: Käse oder Wurst – und natürlich Tee. Tee gab's immer: Pfefferminz, Hagebutte oder Kamille. In den acht Monaten habe ich Unmengen an Tee getrunken, das hätte noch nicht einmal ein Engländer geschafft. Ich ließ den Tee immer stehen, um ihn kalt zu trinken. Heute kann ich keinen Tee mehr riechen – jedenfalls nicht diese drei Sorten!

Zum Einschlafen machte ich mein »imagery«, das heißt meine Entspannungsübung, bei der ich meine Krebszellen imaginierte, um sie »zusammenzukehren«. Meistens lief dabei Musik in meinem Kopfhörer. Ich hatte Alpträume durch die Angst, die ich tagsüber verdrängte. Manche Träume wiederholten sich immer wieder, Nacht für Nacht. Sogar nach Jahren.

Die Nachtruhe wurde regelmäßig gegen drei Uhr gestört, wobei das Licht anging und irgendjemand mir ein Thermometer unter den Arm schob. Ach ja, und natürlich dürfen nicht die unzähligen Toilettengänge vergessen werden, verursacht durch die unzähligen Tassen Tee.

Ja, so lief der Alltag, natürlich mit der Unterbrechung, dass die Medikamente verabreicht oder die Flaschen entweder an- oder abgehängt wurden.

Irgendjemand muss hier doch lebend rauskommen!

Tod, Trauer und Hoffnung

Der erste Tod, den ich erlebt habe, ist für mich schwer zu begreifen gewesen. Ich wusste zwar, dass der Tod durchaus dazugehörte. Aber es ist trotzdem schwer, jemanden zu verlieren, den man kennt.

Es geschah während der ersten Therapiephase, als ich mit Jessica und Kathrin noch in einem Zimmer zusammen war. Wir merkten alle, dass in Jessica irgendwas vorging. Sie verlangte Fischbrötchen, und ihre Mutter lief dafür sogar in die Stadt, aber wenn sie wiederkam, wollte Jessica nicht mehr. Sie murmelte einige unverständliche Worte und hörte auf zu essen. Die Ärzte wollten sie künstlich ernähren, doch die Mutter hatte Jessica versprochen, dies würde nicht geschehen. Jessica wollte es nicht. Eines Tages sagten die Ärzte der Mutter, sie könne mal in die Stadt gehen und sich ein wenig ausruhen – sie verbrachte stets den ganzen Tag an Jessicas Bettkante. Als sie weg war, schickten die Ärzte mich und alle anderen Anwesenden aus dem Zimmer. Als Jessicas Mutter wiederkam, fand sie ihr Kind mit einem Schlauch in der Nase vor. Ohne Erlaubnis hatten sie diesen Eingriff vorgenommen »zum Wohle des Patienten«. Dabei wussten sie alle, dass Jessica bald sterben würde. Von da ab ging es mit ihr rapide bergab. Sie weinte nur noch und rief die ganze Nacht nach einer Schwester. Ich redete mit ihr, aber sie reagierte nicht mehr auf Worte. Sie tat mir so leid, aber ich konnte ihr nicht helfen. Am nächsten Tag wurde sie in das letzte Zimmer im Gang gebracht, das leer stand. Ich nannte es das »Todeszimmer« und schwor mir, nie in dieses Zimmer zu müssen.

Als sie starb, wurden wir alle in unsere Zimmer geschickt, die Vorhänge wurden zugemacht. Niemand durfte raus. Draußen hörte man das Klappern des Bettes. Wir wurden alle mit unseren Gefühlen allein gelassen, niemand sprach mit uns darüber. Ich hatte Gott sei Dank meine Mutter. Nicht mal der Psychologe ließ sich zu diesem Anlass blicken.

Jessicas Tod war ein Schlag für mich und meine Mutter. Wir hatten sie beide sehr gern gehabt. Es war das erste Mal in meinem Leben, dass jemand, den ich näher kannte, tatsächlich »weg« war. Dazu kam noch die Erkenntnis, dass ich in der gleichen Situation war, was mir besondere Trauer bereitete – Angst nie. Man hat doch noch das ganze Leben vor sich, so viele Sachen, die man noch nicht erlebt hat. Und vor allem die Familie. Ich möchte nicht ohne sie sein.

Ich kann mich an zwölf Patienten erinnern, die gestorben sind, solange ich auf der Station war. Es ist schwer, damit zurechtzukommen – aber ich entwickelte allmählich meine eigene Philosophie. Ich möchte damit nicht falsch verstanden werden, denn es klingt ziemlich hart und kalt, wie ich mich selbst über Wasser gehalten habe. Aber jedesmal, wenn jemand starb, trauerte ich, machte mir aber auch Hoffnung. Ich dachte an die Statistiken der Ärzte. (Sonst halte ich nichts von Statistiken.) Sie besagen, dass soundso viel Prozent überleben. »Na gut«, sagte ich mir, »irgendjemand muss lebend hier rauskommen. Wenn die anderen es nicht schaffen, werde ich es.« Mit jedem Tod wuchs bei mir die Hoffnung weiterzuleben.

Es ist wahrscheinlich für Außenstehende schwer zu verstehen, was ich meine. Aber ich denke, jeder passt sich irgendwie der Situation an, in der er sich befindet. So war das bei mir auch.

Rebecca war eine sehr gute Freundin von mir. Wir lagen eine Zeitlang im gleichen Zimmer und verstanden uns prima. Wir machten so makabre Witze, dass unsere Mütter die Flucht ergriffen: schwarzer Humor. Wir redeten von spritzendem Blut und kaputten Spritzen oder davon, welche Blumen wir auf unserem Grab haben wollten. Es war schön, jemanden zu haben, der diese Lage genau so akzeptierte, wie ich es tat, und nicht krampfhaft fragte: »Warum?« In der Zeit, in der es mir schlecht ging, fütterte Rebecca mich mit Zwiebelringen von »Burger-King« und mit Kuchen, was ich auch alles im Magen behielt. Als ich einmal heulend auf dem Flur stand und auf den Arzt wartete, weil ich mit nur noch 100 Leukos eingeliefert worden war, sah ich sie zum letzten Mal. Sie war entlassen worden, ich wusste aber nicht, warum. Sie setzte sich zu mir und tröstete mich mit einer solchen Kraft, wie ich es selten erlebt habe. »Jetzt geht's dir beschissen, Mann, aber du schaffst das. Du kommst hier wieder raus.«

Später erfuhr ich, dass sie an diesem Tag zum Sterben nach Hause geschickt worden war. Aber sie hat sich nichts anmerken lassen. Was ist, das ist halt so. Ich vermisste sie schrecklich, und dennoch habe ich mir einen weiteren Punkt auf dem Konto der Hoffnung zugeschrieben. Es kommt so, wie es kommen soll …

Sarah war ein süßes Mädchen. Sie war fünf Jahre alt und hatte riesengroße Kulleraugen. Sie war schon Monate vor mir auf Station gewesen, und als ich ging, blieb sie noch eine Weile länger, bis sie starb. Ich war immer wieder erstaunt über sie – dieses kleine Wesen. Sie war nicht wie »normale« Fünfjährige. Sie spielte sehr zurückhaltend, lächelte selten und lachte noch weniger. Ihre Augen strahlten eine unwahrscheinliche Reife aus, und sie sprach auch so. Von ihren vielen Operationen erzählte sie, was alles wann »rausgenommen« worden war, und Gott weiß, es war viel. Sie wusste, welche Medikamente sie bekam und welche Nebenwirkungen davon auftreten konnten. Wenn ihr Infusomat – eine kleine Maschine, die bewirkt, dass die Chemo gleichmäßig langsam tropft – piepste, schaltete sie selbst die Knöpfe an und aus oder sorgte für Strom, wenn nötig. Sie fragte nach allem und jedem und schaute konzentriert zu, wenn man etwas erklärte. Ich weiß noch, wie sie einmal meine Zimmernachbarin, die ihr Bein amputiert bekommen hatte, fragte, wo ihr Bein geblieben sei. Meine Nachbarin antwortete:

»Das mussten sie mir wegschneiden.«

»Wieso?«

»Weil da schlechte *Zellen* drin waren.«

»Ein Monster?«

»So ähnlich«, antwortete meine Nachbarin schmunzelnd.

»Und wo ist das Bein jetzt?«

»Das ist ja weg!«

»Beerdigt?«

»Ja.«

»Unter der Erde?«

»Ja!«

»Aber was ist, wenn es wieder rauskrabbelt?«

»Das kann es doch nicht.«

»Sicher?«

Sie verdeutlichte mit einfachen Worten die Angst, die wir alle spürten: dieses Ungeheuer mit Namen Krebs, eine große Bestie, die sich sogar aus der Erde wieder freibuddeln und wiederkommen konnte. Sie wusste, wovon sie sprach. Sie war oft genug von ihr heimgesucht worden. Stolz zeigte sie mir die Narben von ihren vielen Operationen. »Da ist der Krebs auch aus mir weggenommen worden.« Bei ihr schaffte es der Krebs, immer wiederzukehren, und schließlich siegte er auch.

Es tat weh, einer Fünfjährigen zu begegnen, die so viel Weisheit und Erfahrung ausstrahlte. Wo war die unbeschwerte Kindheit geblieben? Ich dachte daran, wie es war, als ich fünf Jahre alt gewesen war: Ich war in der Vorschule, spielte, entdeckte, freute mich auf die Schule. Und dann gibt es Fünfjährige, die fast nie lachen können, die sich Sorgen machen, ob ihre Befürchtungen und Alpträume wahr werden, die Schmerzen ertragen müssen.

Sarah bekam äußerst selten Besuch. Aber manchmal kam sie lächelnd ins Zimmer und verkündete, heute wäre es soweit. Abends um acht traf man sie auf dem Flur wieder, geduldig sitzend und wartend, immer noch: »Er kommt bestimmt noch. Er hat's versprochen.« Sie war so tapfer und bewältigte alles, ohne sich zu beschweren. Nur wenn ihr Vater nicht kam, sah ich sie weinen.

Vor Carsten hatte ich immer ein wenig Angst. Es dauerte einige Zeit, bis ich ihn zum ersten Mal sah, denn er lag sehr, sehr lange im Isolierzimmer. Als er mir das erste Mal begegnete, erschrak ich das einzige Mal vor einem anderen Patienten. Er war in meinem Alter, und ich glaube, ich hatte so viel Angst, weil er das verkörperte, was ich nicht werden wollte: Er bestand nur noch aus Haut und Knochen, sein Gesicht ähnelte dem Schädel eines Skeletts. Seine Augen lagen tief, umgeben von dunklen Ringen. Die Augen selbst waren ausdruckslos, matt und stumpf. Seine Mutter sprach grundsätzlich in der ersten Person plural: »Wir haben heute Chemo bekommen. Uns geht es heute schlecht. Morgen werden wir punktiert ...« Er tat mir leid, denn seine Blutwerte waren grundsätzlich schlecht, und ich hatte das Gefühl, er habe einfach keine Kraft mehr, weiter zu kämpfen. Seine Mutter konnte aber nicht loslassen. Krampfhaft hielt sie ihn fest. Noch eine Chemo und noch einmal. Für ein paar Monate länger.

Es muss ein schreckliches Gefühl sein, nicht »gehen« zu dürfen. Darüber habe ich mit meiner Mutter auch oft gesprochen, und wir kamen gemeinsam zu dem Entschluss, dass es nichts nützt, immer weiter zu therapieren, bloß um den Tod hinauszuzögern. Sie versprach mir, mich nach Hause zu holen, wenn die Chemo nicht mehr helfen würde. Sie versprach, immer ehrlich zu sein, und das hat mich beruhigt. Ich erzählte ihr, wie ich beerdigt werden wollte, wenn es so kommen sollte. »Ich möchte nicht, dass ihr traurig seid. Am besten zieht ihr alle Weiß an. Ich möchte, dass die EAV (Erste Allgemeine Verunsicherung) – eine österreichische Popgruppe – bei meiner Beerdigung spielt, und pflanzt ein Gemüsebeet auf mein Grab. Nur keine Blumen, pflanzt lieber Tomaten. Sie sind pflegeleicht, und so hast du noch was von mir, was Produktives.« Ich wollte Clowns, Spiele und Musik. Mir hat es gestunken, dass der Tod immer traurig und depressiv sein muss. Warum eigentlich? Natürlich schmerzt es, einen Menschen zu verlieren. Aber wenn der Tod doch die Erlösung von Schmerzen und Leid ist, soll die Liebe überhand nehmen und den Schmerz überwinden. – Eine Aufgabe, die nur die wenigsten Menschen erfüllen können. Mein großer Wunsch ist es, dass meine Hinterbliebenen diese Aufgabe bewältigen können.

Weihnachten zu Hause

Allmählich kam Weihnachten heran. Draußen wurde es grau, meine Schwester schickte mir Weihnachtssterne aus goldener Folie, und ich bekam einen kleinen Weihnachtsbaum aus Plastik, denn ich durfte keine Pflanzen im Zimmer halten. Trotz aller Bemühungen der Umwelt vermisste ich das »Weihnachtsgefühl« schrecklich. Wie gerne wäre ich durch die Stadt gefahren, um die Dekorationen zu bewundern. Mantel, Schal und Handschuhe anziehen, Geschenke kaufen, heißen Tee trinken und Plätzchen essen. Das alles fehlte mir sehr. Ich fragte den Arzt, ob ich wenigstens mit Mundschutz im Taxi durch die Innenstadt fahren dürfte, nur um zu schauen. Meine Therapie war zu der Zeit fertig, und ich hatte erstmals ein paar Wochen Pause. Meine Werte waren nicht sonderlich gut, doch das war mir egal. Meine Bitte wurde aber abgeschlagen. Heute genieße ich die Stadtdekorationen, so kitschig sie auch sein mögen. Ich genieße die Weihnachtsgefühle in vollen Zügen und hoffe, dass ich nie vergesse, wie wichtig das sein kann.

Einige Tage später fragte ich den Stationsarzt, ob ich zu Weihnachten wenigstens für ein paar Tage nach Hause dürfe, zum ersten Mal seit drei Monaten. Mir ging es zu der Zeit verhältnismäßig gut, und ich wollte meine Schwester wiedersehen. Er meinte, er habe es lieber, wenn ich nicht das Zimmer verließe, die nächste Therapie würde direkt nach Weihnachten anfangen, und ich dürfe auf keinen Fall einen Infekt bekommen. Die Therapie müsse nach Plan durchgezogen werden – Weihnachtsfeste werde es dann noch genügend geben.

Ich versuchte ihm klarzumachen, dass es mir zu Hause sehr gut gehen würde, ich brauchte es einfach. Nein, er könne es nicht mit seinem Gewissen vereinbaren. Ich ließ es dabei aber nicht bewenden, sondern fragte bei einem seiner wenigen Besuche den Professor. »Ich denke schon, dass wir das vereinbaren können«, sagte er. Ich fragte jede Schwester, jeden Arzt, der mir in den Weg lief, ob ich nach Hause dürfte. Zum Schluss gewann ich den Kampf, und mir wurde erlaubt, vier Tage nach Hause zu fahren – mit nur 800 Leukos. Als dies bekannt gegeben wurde, stattete mir der Stationsarzt einen Besuch ab. Er war zutiefst beleidigt. Ich hätte ihn hintergangen, solche Spielchen möge er nicht, wenn ich seinem Urteil nicht glauben wolle, hätte ich ihn ja gar nicht erst zu fragen brauchen. Beleidigt verließ er das Zimmer. Mich störte das herzlich wenig: Ich durfte nach Hause!

Meine Tante kam, um mich abzuholen, natürlich zusammen mit meiner Mutter. Ich zog meinen neuen Strickpulli und einen weißen Rock an, ein Set, das ich mir aus dem Otto-Katalog bestellt hatte. Weiße, gestrickte Strumpfhosen, schwarze Schuhe und meinen schicken schwarzen Hut, um meinen kahlen Kopf vor der Kälte zu schützen. Ich zitterte vor Aufregung, als ich auf den Flur trat, durch die Tür, durch die Pforte. Draußen – tatsächlich draußen! Ich konnte es nicht glauben. Ich spürte die kalte Luft an meiner Nase, in den Fingerspitzen. Frische Luft, die durch meine Kleidung drang und meine Lungen anfüllte: welch ein Gefühl!

Im Auto saß ich hinten, eingehüllt in eine Decke, und beobachtete fasziniert die fast vergessene Landschaft. Ich bestand darauf, dass wir im Nachbarort bei McDonald's hielten, und verdrückte einen Big Mac und Pommes Frites – sehr zum Entsetzen meiner Mutter, denn ich hatte versprochen, dass ich nichts machte, was mich gefährden könne. Laut dem Arzt war das McDonald's-Restaurant eine lauernde Gefahrenquelle. Mir war das völlig egal. Frei – ohne ärztliche Aufsicht. Draußen plätscherten Regentropfen, und es wurde sehr schnell dunkel.

Wir holten meine Schwester bei der Familie ab, zu der sie nachmittags ging. Sie hatte Fieber und Husten. Diese Tatsache hatte meine Mutter verschwiegen, was mich erfreute. Meine Mutter hatte genug Kraft, die Gefahr, dass ich mich anstecken könnte, zu übergehen, weil sie wusste, wie wichtig es für mich war, nach Hause zu kommen. Und so sah ich also meine Schwester nach drei Monaten wieder und durfte sie nicht einmal in den Arm nehmen. Wir hatten uns gegenseitig sehr vermisst. Es war für sie eine Qual, weil sie Angst hatte, ich könne mich anstecken.

Am Abend des 22. Dezember kam ich nach Hause. Da meine Schwester Bronchitis hatte, mussten wir beide Mundschutz tragen und in getrennten Zimmern bleiben. Meine Mutter lief zwischen uns hin und her wie eine

Henne. Bei wem sollte sie nur bleiben? Das Spielchen ging bis zum Heiligabend, und dann gaben wir es auf: Ich war daheim, mir konnte nichts mehr passieren. Dennoch blieb starke Angst brodelnd in unseren Köpfen, aber wir versuchten zu vergessen. Und somit nahmen meine Schwester und ich den Mundschutz ab und umarmten uns. Auch Küsschen gab es und gemeinsames Auspacken der Geschenke. Mir ging es wunderbar. Ich aß den ganzen Tag, telefonierte und spielte Klavier – mein Klavier, das ich so vermisst hatte! Ich spiele jetzt schon seit zehn Jahren leidenschaftlich gern. Im Krankenhaus war dies natürlich unmöglich gewesen.

Meine Freundin Sissy durfte mich besuchen. Sie war meine beste Freundin und hatte mir jeden Tag geschrieben. Ohne Pause. Sie hatte meinen Kontakt zur Außenwelt gesichert, wofür ich ihr unendlich dankbar bin. Ich versuchte, an die frische Luft zu gehen, aber nach wenigen Schritten war ich erschöpft. Insgesamt missachtete ich jede Regel der Ärzte und fühlte mich prächtig. Ich hatte neue Kraft getankt und war bereit für die nächste Therapie. Ich freute mich fast darauf. Ich hatte gesehen, dass zu Hause alles gleich geblieben war und auf mich wartete.

Silvester im Krankenhaus

Am 26. Dezember wurde ich wieder eingeliefert – die Therapie musste weitergehen. Ich hatte vier Kilo zugenommen, und meine Leukos waren auf 4100 angestiegen. Während der Feiertage hatten nur wenige Patienten im Krankenhaus bleiben müssen, und so wurden wir übrigen auf eine andere Station verlegt. Keine bekannten Gesichter, ich hatte keine Klingel, und ich sah kleine Fliegen aus dem Abfluss kommen. Sogar die Schublade in meinem Nachttisch klemmte. Ich möchte nicht hier allein gelassen werden, lass mich nicht hier, nimm mich wieder mit. – Ich werde das schon irgendwie durchstehen. Mama kommt ja am nächsten Tag.

Mama war ganz früh am nächsten Tag da. Die Chemo fing wieder an mit einer Lumbalpunktion und zweimal Medikamenten durch die Vene. Die Punktion war ganz erträglich, der Arzt erzählte sogar Witze, und ich musste lachen. Danach musste ich 24 Stunden lang flach liegen und machte mir schon Gedanken, was ich machen sollte, wenn ich nachts auf die Toilette musste. Eine leichte Panik versuchte in meinem Kopf überhand zu nehmen. Ich fragte daher die Schwestern, wie ich mich denn melden solle. »Schreien« war die Antwort. So wurde die Tür aufgelassen. Aber ich lag doch mit zwei anderen im Zimmer zusammen, die konnte ich nicht einfach wecken. Keine andere Möglichkeit vorhanden. Ich machte meiner Mutter eine Liste für den nächsten Tag:

Hackfleischsoße, Toast, Tee, Cracker, Deutschheft,
Spätzle, Äpfel, Gurken, Lateinbuch,
Erbsen, Pudding, Handtuch und Nagelschere,
Eier, Chips, Hose.
Fürs erste wird es wohl reichen …

In der Nacht wurden meine Befürchtungen wahr, und ich rief nach der Schwester. Niemand hörte es. Noch mal und noch mal. Ich verfluchte diese Station ohne Klingel, die mich nicht einmal hörte. Nach zehn Minuten schaffte ich es doch, ihre Aufmerksamkeit zu erregen.

Bis zum 31.12. waren meine Zimmernachbarinnen entlassen worden, ich blieb allein im Zimmer und wartete auf Neujahr. Meine Mutter sprach mit der Schwester, ob es nicht möglich sei, dass sie in mein Zimmer dürfe. Ich war ja schließlich allein. Diese willigte schließlich ein, es solle aber bitte niemand merken. Und so fuhr meine Mutter nochmals nach Hause und bereitete einen Korb für ein gemeinsames Neujahrsessen vor. Als sie am späten Abend mit meiner Schwester wiederkehrte, hatte sie alles dabei: Wir aßen Nudelsalat, tranken Punsch und gossen Blei. Es war schwer für mich, Neujahr im Krankenhaus zu verbringen. Ich dachte zurück an all die Male, die ich gefeiert hatte: Knaller, Festessen, Freunde und Verwandte. Nun saßen wir zu dritt im kahlen Zimmer und feierten das vergangene Jahr.

Sie fuhren kurz vor zwölf weg, denn meine Schwester bestand darauf, ein paar Knaller abschießen zu dürfen. Noch ein letztes Küsschen – und ich war allein. Ich machte den Fernseher an, drei Minuten vor zwölf. Die glücklichen Leute warteten gespannt auf das neue Jahr, wünschten sich viel Schwein und schenkten sich gegenseitig Kleeblätter. Ich stellte mich an das große Fenster, das über die Stadt schaute. So konnte ich auch was vom Feuerwerk haben: »Zehn, neun, acht« – ich holte mir meine Teetasse –, »drei, zwei, eins: Glückliches Neues Jahr! Frohes Neues Jahr!«, kam aus dem Fernseher gedudelt. Der Himmel über der Stadt unter mir leuchtete hell auf in allen Farben. Ruhig beobachtete ich das eine Weile, die Schwester wünschte mir alles Gute – und schließlich fing ich an zu weinen. Wieder einmal kam ich mir verlassen vor. Während die ganze Stadt dort unten miteinander feiert, stehe ich allein hier oben. Ich weinte jämmerlich und ertränkte mich bald im Selbstmitleid. Was würde im nächsten Jahr kommen? Letztes Jahr um diese Zeit hatte ich nicht einmal im Traum daran gedacht, dass ich irgendwann Krebs bekommen könnte.

Ich erinnere mich noch an zwei Situationen vor vielen Jahren, als mir zum ersten Mal bewusst geworden war, was Krebs ist. Beim ersten Mal war ich vielleicht fünf Jahre alt. Wir waren in einer Pizzeria. Ich hatte eine weiße gehäkelte Decke um mich und saß vergnügt neben meiner Mutter. Da kam ein Kind herein, das keine Haare hatte. »Schau, Mama«, sagte ich und zeigte durch die Decke auf das Kind. »Das Kind ist krank, Mavi. Und außerdem, man zeigt nicht auf andere Menschen«, sagte meine Mutter. Eilig zog ich den Finger zurück. Krank? Was ist das für eine Krankheit, bei der man die Haare verliert? Ich schämte mich und tue es heute noch viel mehr, denn nun ist mir bewusst, wie das Kind sich gefühlt haben muss: scheußlich, im Abseits, wie aussätzig.

Das zweite Mal war sechs Jahre später in der gleichen Pizzeria. Ich stand an der Kasse und wollte eine Pizza bestellen, da fiel mir ein Schild auf, auf dem stand – natürlich auf Englisch, denn wir wohnten ja zu der Zeit noch in Amerika:

»Hast du häufig Infekte? Bist du blass?

Bekommst du leicht blaue Flecken oder Blutungen?

Wenn du eine oder mehrere Fragen mit ›ja‹ beantwortet hast, lass dich vom Arzt untersuchen.

Ein Hinweis der Amerikanischen Krebsgesellschaft.«

Ich stand davor und prägte mir die Symptome ein. An dieses Schild habe ich oft gedacht, als es mir im Sommer so schlecht ging. Aber damals habe ich noch gedacht: »Was für ein Glück, mir passiert so etwas nicht. Das gibt es nur bei anderen. Die armen Leute.« Aber es gibt so vieles, das nicht nur anderen passiert, sondern auch uns. Ich meine nicht nur Krebs, nein alles, was man vor sich herschiebt, kann morgen genauso gut mit einem selbst passieren. Es ist sehr schwer, einsehen zu müssen, dass wir Menschen doch nicht so mächtig sind, wie wir glauben. Der Mensch kann eben nicht alles beherrschen – und das ist wohl auch ganz gut so.

Besuch in der Schule

Die Therapie verlief verhältnismäßig gut. Außer den üblichen Nebenwirkungen – also Erbrechen, Mundschleimhautentzündung, allgemeine Schwäche und Absinken der Blutwerte – kamen keine neuen hinzu.

Am 10. Januar durfte ich wieder nach Hause. Zwei Wochen lang, eine unglaubliche Zeitspanne! Wieder dieses belebende Gefühl, als ich meine Sachen packte und die Klinik verließ. Ich wurde noch recht früh am Vormittag entlassen, und so kam es, dass ich darauf bestand, auf dem Heimweg bei meiner Schule anzuhalten. Ich wollte meine Klasse sehen. Ich wollte, dass sie mich sehen. Sie hatten mir ständig geschrieben und Geschenke gemacht. Wir waren richtig zusammengewachsen. Als ich den altbekannten Flur Richtung Klassenzimmer entlangging, kamen mir doch Zweifel: Was ist, wenn sie lachen? Was soll ich überhaupt sagen? Bevor ich an die Tür klopfte, nahm ich meinen Hut ab. Sie sollten mich sehen, wie ich nun mal war. Die Überraschung war groß, als ich reinkam. Mein Besuch war unangekündigt, und es ist auch nicht ganz einfach, einen Mitschüler nach so langer Zeit so verändert zu sehen.

Ich machte die Runde. Die Mädchen umarmten mich, die Jungen schüttelten mir verlegen die Hand. Ich blieb nur kurze Zeit und erzählte ein wenig, doch dann war ich wieder müde und ging mit meiner Mutter nach Hause. Aber mir war eins klar geworden: Du musst in die Schule! Egal, wie die Werte sind. Es tat gut, unter »normalen« Menschen zu sein, andere Gesichter zu sehen, bekannte Stimmen zu hören. Sie schätzten sich gar nicht glücklich genug, wussten gar nicht, ihre Freiheit und ihr Glück zu genießen, dass sie in die Schule durften – ja durften. Heute schäme ich mich fast, dass ich leicht aufstöhne, wenn mal wieder samstags Schule ist oder wir viel zu lernen haben. Dann muss ich mit mir selber schimpfen und an die Zeiten denken, wo ich mich nach Schule gesehnt habe.

Meine Prioritäten haben sich geändert. Kleinigkeiten, die ich früher nie wahrgenommen hatte, wurden für mich ungeheuer wichtig: Geschirr spülen zu können, das tägliche Bettenmachen, duschen können, essen, wann man Lust hat ... Als ich es das erste Mal wieder schaffte, die vielen Treppenstufen zu unserer Wohnung alleine zu bewältigen, habe ich geweint. Ich weinte auch, als ich das erste Mal wieder eine kleine Fahrradtour unternehmen konnte. Man schätzt sich tatsächlich nicht glücklich genug. Was ich früher für ungeheuer wichtig gehalten hatte, wird plötzlich unwichtig. Wie wichtig sind die Noten in der Schule? Heute gehe ich mit der Schule lockerer um als vorher und schreibe trotzdem gute Noten. Die ständige Angst zu versagen, die Angst vor den Lehrern, die Angst vor der Zukunft – alles verschwunden. Zurück bleibt nur die Lust auf das Hier und Jetzt, die Lust auf Lernen und Entdecken. Auch wenn ich heute im Unterricht manchmal ein wenig vorlaut bin.

Ich konnte eine gute Woche, wenn auch etwas unregelmäßig, in die Schule gehen. Ich schrieb in Mathe eine Eins und wurde mündlich in Latein abgefragt: auch Eins. Ich möchte damit nicht angeben, aber damals war ich ungeheuer stolz auf mich: Ich schaffe es! Aber ich schaffte es nicht ganz allein: In Latein gab mir mein Lehrer zu Hause Nachhilfe, immer, wenn ich daheim war. Ich habe zwar vieles allein gemacht, aber niemand kann erwarten, dass man lateinische Grammatik allein verstehen kann. In seinem Unterricht lernte ich den gleichen Stoff wie meine Kameraden. Dafür bin ich ihm sehr dankbar.

Meine Klassenkameraden behandelten mich mit Vorsicht, wie eine wertvolle Vase. Die Lehrer natürlich auch. Ich war aber zu glücklich, um mir darüber Gedanken zu machen, ob das nun schlecht sei oder nicht. In den Pausen durfte ich mit ausgewählten Freundinnen im Klassenzimmer bleiben. Erstens wegen der Kälte und zweitens, weil ich ja in der gesamten Zeit nur zwischen 1000 und 1600 Leukos hatte, mal mehr, mal weniger. Na ja – ich wollte das Schicksal nicht unbedingt herausfordern, indem ich auf den überfüllten Schulhof ging.

In diesen wenigen Tagen ging ich auch reiten, auf einem Pferd, das vorher noch nie von mir geritten worden und auch nicht immer das bravste war. Es benahm sich aber vorzüglich, und auf seinem Rücken zu sitzen machte mir Spaß. Das Reiten erfüllte mich mit dem gleichen Glücksgefühl wie das Klavierspielen, wenn auch auf etwas andere Art. Ich fühlte mich in diesen Tagen wieder »normal«, spürte keine Angst mehr und vergaß beinahe, dass sich diese Situation nicht halten konnte. Aber nur tagsüber. Abends, wenn es dunkel wurde, ich meine Stoffkatze im Arm hielt und Gott dankte, dass ich so schlafen konnte, wie ich wollte, ohne auf eine Nadel oder auf eine Flasche Rücksicht nehmen zu müssen, überkamen mich Trauer und Angst: Wie wird die nächste Therapiephase? Werde ich die Kraft haben, sie zu überstehen?

Nachts merkte ich manchmal, wie meine Mutter ins Zimmer kam, auf meinen Atem horchte und wieder ging. Sie hatte genauso viel Angst wie ich und durfte es nicht zeigen. Sie musste immer stützen, stark sein und ihre eigenen Gefühle wegstecken. Sie muss irre gebangt haben, wenn ich in die Schule ging oder mit schlechten Werten hoch zu Ross war. Sie trug die Verantwortung, aber das stand nur im Hintergrund. Im Vordergrund stand natürlich, wie sehr sie mich liebt. Sie musste zusehen, wie mir Schmerzen zugefügt wurden, ohne irgendein Gefühl preisgeben zu dürfen. Ich war einmal dabei, als meine Mutter ambulant am Zeh operiert wurde. Ich wäre beinahe umgekippt vor Mitgefühl, ich wollte nicht, dass sie Schmerzen hatte. Wenn möglich, hätte ich sofort mit ihr den Platz getauscht. Aber ich konnte nicht. Ich war hilflos. So erlebte ich kurz, was meine Mutter acht Monate über empfunden hatte.

Ich hatte mich richtig daran gewöhnt, zu Hause zu sein, und als mir auf einmal wie aus heiterem Himmel einfiel, dass ich wieder zurück ins Krankenhaus musste, brach ich zusammen. Ich weinte geschlagene drei Stunden ohne Pause, jammerte wie ein Baby. Es war für mich unverständlich, warum ich zurück in die Klinik sollte. Mir ging es doch gut. Dort würde ich nur wieder Medikamente bekommen, dort hatte ich Schmerzen, dort war ich alleine. Es dauerte zwei Tage, bis ich mich wieder gefangen und meine zurückgewonnene Kraft wieder hergestellt hatte. Und damit ging ich, fünf Kilo schwerer und noch frohen Mutes, zurück in die Klinik.

Die dritte Runde

Am 28. Januar fing die Therapie wieder an. Ich lag morgens früh im Bett und kam mir irgendwie fehl am Platz vor. Wieder diese weiße Bettwäsche, lauter Ärzte, Patienten, Medikamente. Mir ging es doch gut! Ich sollte jetzt in der Schule sein wie alle anderen auch.

Bei der Visite sagten sie mir, ich würde eine Knochenmark- und Lumbalpunktion bekommen. Dabei würden sie auch gleich mit der Therapie beginnen, indem sie Chemo in den Liquor, das ist Hirnwasser, spritzten. Mir wurde es mulmig im Magen, und mein Hals tat weh vor lauter Angst. Ich hatte mich so an das Leben ohne Schmerzen gewöhnt. Hatte ich überhaupt noch die Kraft, neue Schmerzen zu ertragen? Und was ist, wenn sie im Knochenmark neue Krebszellen finden? Was ist, wenn ich keine Remission, keine krebsfreie Phase erreicht habe? War dann alles umsonst? Mir schwirrten tausendundein Gedanken im Kopf herum, und es kam mir nicht ungelegen, als mich eine Gruppe von ca. fünfzehn Studenten samt Professor darum bat, ihr als »Versuchskaninchen« zu dienen. Hervorragende Ablenkung: mal hier tasten, mal dort drücken …! Ich hoffte, meine Angst wenigstens vorübergehend vergessen zu können. Gerade als sie an der Reihe waren, die Leber zu tasten, kam der Arzt und meinte, sie seien soweit. Dann bekam er den Einfall seines Lebens: ob die Studenten nicht zuschauen wollten? Sie – die Studenten – und ich blickten ziemlich erschrocken drein, und nur zwei oder drei meldeten sich freiwillig. Woraufhin ihr Professor meinte, sie würden alle mit reingehen. Und so geschah es.

Wenige Minuten später befand ich mich im Untersuchungszimmer auf dem Tisch, um mich herum ungefähr zwanzig verschiedene Gesichter. Sie drängten sich gegenseitig, um sehen zu können, denn es war recht eng im Zimmer. Mir gefiel es nun überhaupt nicht mehr, dass sie alle da waren. Ich fing an, leicht zu schluchzen, worauf der Arzt gleich mit einem Beruhigungsmittel kam.

»Es ist ein anderes Medikament als sonst«, sagte er. Von da an wurde es nur noch schlimmer. Das gewohnte Ruhegefühl kehrte nicht ein, statt dessen Panik, eine Wahnsinnspanik. Mein Herz raste, ich atmete wie ein Stier, weinte und schrie gleichzeitig – und wurde alles andere als müde. Die Studenten tauschten verlegene Blicke. Der behandelnde Arzt beschloss trotzdem weiterzumachen. Er setzte das Betäubungsmittel an, durch die Haut an der Hüfte. Ich schrie nur noch lauter, steigerte mich immer mehr in meine Hysterie hinein.

»Bitte lasst mich schlafen!«, schrie ich. Ich kam mir so vor, als wäre ich auf dem Operationstisch und man hätte vergessen, mir die Narkose zu geben. Ich schlug nach dem Arzt an meiner Seite und traf dabei fast die Nadel, die noch in der Haut steckte. Also hielten sie meine Arme fest.

Dann fing die eigentliche Untersuchung an. Mit einem heftigen Ruck stieß die Nadel durch den Knochen, drang ins Innere des Knochens, wo dann langsam das Knochenmark aufgesaugt wurde. Aber mittlerweile konnte ich nichts mehr machen. Ich hatte so hyperventiliert, dass ich mich nicht mehr bewegen, nicht mehr denken konnte. Ich hörte noch, was um mich herum geschah, aber es war ganz weit entfernt. Nach einer Weile bemerkte ich, wie die Nadel herausgezogen und ich auf die Seite gedreht wurde, damit sie die Lumbalpunktion machen konnten. Ich fing wieder an, laut zu schluchzen: »Bitte nicht jetzt!«, dachte ich. »Für heute ist es genug, bitte erst morgen.« Aber außer meiner Mutter teilte niemand meine Meinung. Und wie es kommen musste, war der erste Versuch ein Fehlschlag. Die Nadel zwischen meinen Wirbeln wurde entfernt, gewechselt und neu angesetzt. Auch Fehlschlag.

Meine Gefühle während der Prozedur waren unbeschreiblich: Schmerzen, schreckliche Schmerzen. – Was ist das für eine Welt, in der Menschen solche Schmerzen und Ängste verspüren müssen? Mir war in diesem Moment klar, dass es keinen Gott geben könne – für mich nicht.

Irgendwo im Raum gab es doch einen Menschen, der entschied, dass mir der dritte Stich in den Rücken heute erspart werden sollte. Ich wurde ins Bett getragen. Doch ich war völlig außer mir. Mein Vertrauen in die Ärzte hatte einen kräftigen Schlag erlitten. Meine Mutter ging zum Professor und fragte ihn, ob er sich nicht fünf Minuten zu mir setzen könne, um mir zu erklären, was schief gelaufen sei. Sie wollte, dass er sich als Mensch zeigte statt als »Halbgott in Weiß«. Kurze Zeit später war ein Gebrüll auf dem Flur zu hören. Die Schwestern verzogen sich in verschiedene Zimmer, Eltern und Patienten ebenfalls. Ich stand langsam auf und schlich vorsichtig zur Tür. Ich blinzelte in den Flur und sah ein erschreckendes Bild: meine Mutter, klein und ängstlich, umringt von den Ärzten,

Studenten und vor allem dem Herrn Professor, der sie lauthals anschrie: Was sie sich einbilde, solche Sachen passierten ständig. Auch seien überhaupt keine anderen Medikamente eingesetzt worden. Wenn sie etwas an ihnen auszusetzen habe, solle sie die Medikamente gefälligst selber aussuchen. Er sei doch Arzt und kein Seelentröster! Noch geschockter als vorher, ging ich langsam zurück ins Bett, drehte mich um und versuchte zu schlafen.

An diesem Tag bekam ich noch zweimal Chemo und Augentropfen, damit meine Augen von den Medikamenten nicht austrockneten, und dreimal Zofran, mein Lieblingsmedikament, wirklich! In der Zeit, in der ich behandelt wurde, war es noch recht neu auf dem Markt: ein Medikament gegen Übelkeit, das wirklich hilft – mehr oder weniger. Ich klammerte mich daran fest und war überzeugt, dass es mir helfen würde. Ohne diese Tabletten ging es mir immer gleich schlechter. Ich denke, man hätte mir auch ein Placebo geben können, und es hätte mir geholfen. Ich glaubte eben daran.

Am nächsten Tag tat mir meine Hüfte fürchterlich weh, und ich jammerte den ganzen Morgen. Die Visite teilte mit, dass die noch fehlende L.P. heute noch nicht stattfinden würde. Am späten Vormittag schaffte ich es, ein trockenes Brötchen zu essen, und bald darauf bekam ich nochmals Chemo. Ich wunderte mich sehr, dass auf der Hasche »lichtempfindlich« stand, aber die Sonne mit voller Wucht darauf schien. Ich fragte nach. »Vorlaut«, bekam ich zur Antwort. Wieso aber steht »lichtempfindlich« auf der Flasche, wenn das Mittel es nicht ist?

Gegen Mittag erhöhte sich meine Temperatur auf 38,5°C, und ich bekam nochmals Chemo, am Nachmittag auch. Am nächsten Tag bekam ich zusätzlich zur Chemo noch Antibiotika, weil ich 100 Leukos hatte und erhöhte Temperatur. Ich bekam noch zwei Tage lang Chemo, zusätzlich ein Antibiotikum und ein Pilzmittel. Und dann bekam ich Ausschlag, kleine rote Punkte am ganzen Körper. An diesem Tag dichtete ich mein erstes deutsches Gedicht. Da lag ich mit geschlossenen Augen und schrecklichem Schüttelfrost, und im Kopf setzte ich blöde Sprüche zusammen. Dementsprechend war meine Mutter überrascht, als ich plötzlich die Augen aufmachte und sagte:

Ein Elefant gab mir die Hand
an einem Sonntagmorgen.
Ich schrie: »O Schreck, meine Finger sind weg!«,
und lief zum Arzt voller Sorgen.

Ich hatte den ganzen Tag noch nichts gesprochen und glaubte, es hatte sie ein wenig beruhigt zu wissen, dass ich nicht ganz abgeschaltet hatte.

Die Pünktchen wurden schlimmer und fingen an zu jucken, sodass ich mir mit einer Haarbürste das Knie blutig kratzte. Ich bin fast verrückt geworden. Es wurde so schlimm, dass ich Schlaftropfen bekam, damit ich überhaupt schlafen konnte. Der Arzt entschied, die Therapie abzubrechen. Ich hatte am Morgen Blut abgenommen bekommen: 1700 Leukos. Der Arzt sagte, das glaube er nicht. Wahrscheinlich wären es unter 1000. Meine Frage: »Warum nehmen Sie Blut ab, wenn Sie die Resultate eh nicht glauben?« Keine Antwort. Aber Mama sollte Mundschutz tragen. Ich schlief sehr unruhig und wachte auf einmal schreiend auf, kratzte an der Narbe am Bein. »Ein Mückenstich, ein Mückenstich!«, schrie ich und schlief wieder ein.

Ich weiß gar nicht, wie meine Mutter es ausgehalten hat, stundenlang an meinem Bett zu verbringen. Ich sprach nichts, wälzte mich nur hin und her, kratzte und kratzte. Später sagte sie mir, sie habe gemeint, ich hätte Masern. Sie dachte, ich würde sterben. Wie schlimm es doch gewesen sein muss, abends wegzufahren, voller Angst, ich könnte am nächsten Tag nicht mehr da sein!

Mit der Zeit wurde es aber mit dem Jucken besser, und langsam fiel die Temperatur. Aber dafür stürzten die Leukos ab auf 200. Ich konnte nicht nach Hause. Die Therapie wurde aber für eine Zeitlang abgesetzt. Ich bekam nur noch Antibiotika.

Meiner Zimmernachbarin passierte in dieser Zeit etwas Merkwürdiges: Sie sollte Kopfbestrahlung bekommen. Dafür kriegt man schwarze und rote Linien auf den Kopf gemalt, ganz genau ausgemessen. Das Ausmessen ist eine langwierige Prozedur. Mit Wartezeit dauert es den ganzen Vormittag. Als sie am nächsten Morgen bestrahlt werden sollte, stimmten die Linien auf einmal nicht mehr. Irgendjemand hatte etwas falsch gemacht. Als dieser jemand nicht gefunden werden konnte, wurde die Mutter beschuldigt. Sie hätte die Linien abgewaschen und neu angemalt. Klar doch. Eine Mutter spielt mit dem Leben ihrer Tochter. Irgendwie war mir das nicht ganz verständlich. Aber hier war nichts verständlich.

Das Elend mit Fieber und Tropf

Ein paar Tage später, am Montag, durfte ich nach Hause, um mich zu erholen. Die Therapie sollte aber bald weitergehen. Ich, die die ganze Zeit über fast nichts gegessen hatte, schlug mir noch am gleichen Abend den Bauch mit griechischem Essen voll. Erstaunlich. Am Dienstagmorgen musste ich in die Klinik zur Blutbildkontrolle. Das Ergebnis verschlug mir die Sprache: 100 Leukos – normal sind mindestens 4000 Leukos! Mein Gott, das ist ja nichts! Mir wurde es schlecht, vor allem bei dem Gedanken an den schönen Tropf, der mir rausgenommen worden war, obwohl er noch funktioniert hatte. Jetzt mussten sie neu stechen. Wir riefen vom Labor aus auf der

Station an. Sie sagten uns, wir müssten noch eine halbe Stunde warten. Dann sollten wir nochmals anrufen und mit dem Arzt sprechen. Was soll dieser Blödsinn? Ich nahm meine Mutter an die Hand, und wir fuhren wieder nach Hause. Von dort aus rief meine Mutter nochmals beim Arzt an.

Wir hatten beide Angst. In der Nacht schlief ich bei meiner Mutter im Bett. Ich hätte im Schlaf gesprochen und immer wieder »Nicht so viele Leukos« gesagt. Um 5.20 Uhr hatte ich 41° Fieber. Ich habe meine Mutter aufgeweckt, habe gezittert und wollte noch eine Decke. Ich konnte vor klappernden Zähnen nicht sprechen. Der Krankenwagen kam. Ich wollte nicht bewegt werden. Bloß nicht bewegen! Diese Kälte, dieses seltsame Ziehen in allen Knochen! Nur nicht bewegen!

In der Klinik kam ich sofort ins Schleusenzimmer. Alle mussten Kittel und Hauben anziehen. Ein Tropf wurde gelegt, und Antibiotika wurden angesetzt. Zusätzlich bekam ich Thrombos durch den Tropf und dann Blut. Dann nochmals Thrombos. Der Tropf musste gewechselt werden. Am Abend hatte ich 39,5° Fieber, am nächsten Morgen 40°. Dreizehn Tage lang hielt sich mein Fieber zwischen 38,5° und 40°. Anstrengend, dieser ständige Wechsel zwischen Schüttelfrost und Hitze. Mal verlangte ich nach Decken und Heizkissen, mal nach kalten Waschlappen.

In meiner Situation war Fieber äußerst unerwünscht, denn es bedeutete, dass ich einen Infekt in mir trug und mein Körper darauf reagierte. Die Schwierigkeit lag aber darin, dass meine Abwehrkräfte auf ein Minimum reduziert worden waren. Darum war mein Körper nicht in der Lage, Krankheitserreger abzuwehren. Eine einfache Erkältung konnte zu einer lebensbedrohlichen Erkrankung ausarten.

Dreizehn Tage lang hielten sich meine Leukos auf 100. Am zweiten Tag des Fiebers kam ich in das »Sterbezimmer«. O nein, überall hin, nur nicht dorthin! Ich bettelte, doch sahen sie organisatorisch keine andere Möglichkeit. Ich solle mich nicht so anstellen. Ich bekam auch eine Zimmernachbarin. Sie hatte Herpes. »Vielleicht auch Röteln«, sagten sie bei der Visite. Ich verstand die Welt nicht mehr. Außerdem ging mein Tropf zu, weil die Schwester nicht rechtzeitig gekommen war, nachdem ich geklingelt hatte. Sie hatte keine Zeit gehabt.

Ich bekam täglich zwei Arten von Antibiotika und ein Fieber senkendes Mittel. Nichts nützte. Am dritten Tag des Fiebers setzten sie ein neues Medikament an. Es sollte gegen Pilze wirken. Normalerweise bekam man es nur auf der Intensivstation, sagten sie. Aber es gebe keine andere Möglichkeit. Sie schlossen mich an ein Gerät für ein 24-Stunden-EKG an, steckten aber kein Papier ein und schalteten den Alarm ab. Sie sagten meiner Mutter, sie solle es beobachten. Nun hatte ich diesen Kasten neben meinem Bett. Blinkende Lichter, und alle halbe Stunde wurde die Manschette fester um den Arm gelegt, um Blutdruck zu messen. Das Tollste an dem Pilzmedikament war aber die Tatsache, dass ich nun zwei Tröpfe brauchte, denn es durfte nicht mit Glukosewasser in Berührung kommen. Links am Arm ein Tropf und eine Schiene bis zum Ellenbogen, am Oberarm die Manschette. Am rechten Arm das gleiche, nur keine Manschette. Nun lag ich da, die Arme von mir gestreckt, zitternd, weinend.

Das Medikament war schrecklich. Ich übergab mich mehrmals und schrie vor Schmerzen und Kälte. Das Fieber stieg wieder auf 40°, und als noch einer der Tröpfe zuging, weil die Schwester die Flasche zugedreht und vergessen hatte, eine neue anzuhängen, setzten sie das Medikament für die Nacht ab.

Am Morgen setzten sie es wieder an, aber erst als der neue Tropf gelegt war – nach einer Stunde Pieksen und Stochern im Fuß. Die Schwester sagte, ich hätte es extra so haben wollen, damit ich sie durch die Gegend scheuchen könne, denn nun konnte ich ja nicht mehr aufstehen. Am liebsten hätte ich ihr auch einen Tropf an den Fuß gelegt!

So verbrachte ich noch zehn elende Tage. Mein Alltag bestand aus zwei Flaschen an Flüssigkeit, Brechen, Zittern, Weinen und Schwitzen.

Ich wage, einem Arzt zu widersprechen

Im Krankenhaus habe ich immer alles unter Kontrolle gehabt, wusste immer, wann und wie lange ich welches Medikament bekam. Heute erinnere ich mich nicht mehr so genau daran, aber damals kannte ich meinen Therapieplan auswendig, sogar besser als die Ärzte. Ich weiß noch, wie an einem ruhigen Sonntagmorgen der Arzt ins Zimmer kam – meine Mutter war noch nicht da – und ich mich wunderte, was der wohl jetzt hier wollte. Blut war schon abgenommen worden, und heute stand keine Chemo auf dem Plan. Wollte er mich etwa besuchen? Ein kleiner Schimmer Hoffnung wurde geweckt, aber sofort wieder gelöscht, als ich die Nierenschale mit Spritze in seiner Hand sah. Was sollte denn das jetzt? Er zog sich Handschuhe an, und da fragte ich:

»Was wollen Sie denn machen?«

Er sah mich leicht gereizt an und antwortete dann: »Du kriegst Chemo.«

»Das glaube ich nicht«, sagte ich. Es war das erste Mal, dass ich einem Arzt widersprach, und mein Herz klopfte heftig.

Nun wurde er noch gereizter. Man merkte in seinem Gesicht deutlich, was er dachte: Wer ist diese Person? Wieso wagt sie es, mir zu widersprechen? »Natürlich bekommst du heute Chemo.«

Er griff nach meinem Arm, an dem der Tropf dran war.

»Nein«, sagte ich und zog den Arm weg.

Das war zuviel für ihn: »Woher willst du das wissen? Du stellst dich vielleicht an! Jetzt gib mir deinen Arm.«

Ich kämpfte gegen die Tränen, die ich spürte, und sagte einfach: »Nein.«

Da stand er gereizt auf und verließ, ohne ein Wort zu sagen, das Zimmer. Bei mir drehte sich alles im Kopf. Was habe ich jetzt gemacht? Was ist, wenn er mich jetzt nicht mehr mag? Ich hatte auch ernsthaft Angst, dass sie mir gleich ein Beruhigungsmittel geben und dann die Therapie verabreichen würden. Aber alle Sorgen waren auf einmal weggeblasen, als nach einer Viertelstunde der Arzt langsam zurück ins Zimmer kam. Er schaute auf die Wand und sagte: »Du hast recht. Heute kriegst du keine Therapie.« Dann aber noch, wütend und verlegen zugleich, hinzufügte: »Aber ich kann nichts dafür, die Schwester hat es mir gegeben.« Dabei sah er mir in die Augen. Die Augen eines Verteidigers blickten in meine, die eines unwissenden Patienten. Er drehte sich auf seinem Absatz um und stürmte aus dem Zimmer. Welch ein Erlebnis für mich! Ich hatte es geschafft, meine Meinung durchzusetzen.

Heute merke ich deutlich, welche Spuren diese Situation bei mir hinterlassen hat. Wenn ich einen Standpunkt vertrete, stehe ich dazu auf Teufel komm raus. Ich habe einfach keine Angst mehr davor, mich zu blamieren. Meine Diskussionsfreudigkeit ist wahrscheinlich schon manch einem Lehrer auf die Nerven gefallen. Aber lieber falle ich jemandem auf die Nerven, als dass ich so ruhig und ängstlich wäre wie damals.

Mit der Zeit wurde es für mich ziemlich anstrengend, immer aufzupassen. Ich hatte Angst, zu schlafen oder mich einfach nur auszuruhen, falls sie wieder was falsch machten. Mal fehlte eine Tablette, mal war es eine zuviel. Einmal habe ich die Schwester sogar darauf aufmerksam gemacht, dass bei meiner Zimmernachbarin eine Tablette fehlte. Ich hatte das ganz unbewusst mitgekriegt, es war bestimmt nicht so, dass ich ununterbrochen alle beobachtet hätte, ob sie nicht irgendwo einen Fehler machten, ich merkte es einfach.

Dieses Auf und Ab

Man vermutete Lungenpilz bei mir, aber das neue Medikament gegen Pilze half nichts. Dann geschah etwas Komisches: Am zwölften Tag dieses Elends stand ich freiwillig für kurze Zeit auf. Mein Fieber war auf 37,9°, und ich verlangte nach einem Kassettenrekorder. Ich ließ meine EAV-Kassette den ganzen Tag auf voller Lautstärke laufen und aß zum ersten Mal seit beinahe zwei Wochen ein Stück Toast. Ich musste mich nur noch zweimal übergeben. Ich wollte raus. Ich bat meine Mutter, mir am nächsten Morgen ein belegtes Brötchen mitzubringen, welches ich bei der Visite am dreizehnten Tag samt Tomate, Salat, Ei und Mayonnaise verschlang – ohne mich zu übergeben. »Ich will jetzt nach Hause«, war meine Botschaft. Und tatsächlich wurde sie erhört. Und noch am gleichen Tag ging ich mit knapp 1000 Leukos für zehn Tage nach Hause. Ich hatte es geschafft!

Aber ich durfte die Therapie nicht vergessen, die nur abgebrochen worden war. Sie musste fertig gemacht werden. So wurde ich am 3.3.1992 wieder eingeliefert – mit noch mehr Angst als zuvor.

Nur einmal am Tag erhielt ich Chemo und einmal die fehlende L.P. Mein Fieber kam zurück, und ich bekam panische Angst, dass sich das ganze Elend noch einmal wiederholte. Ich sank zurück in meinen Sumpf des Trauerns. Manchmal weinte ich nur den ganzen Tag vor mich hin. Am dritten Tag der Chemo wurde eine Blasenentzündung festgestellt. Ich bekam wieder Antibiotika, aber die Therapie ging eisern weiter.

Meine Mutter und ich fingen an, Fragen zu stellen, die nicht gern gehört wurden. Zum Beispiel: Warum ist bei mir nie EKG und Ultraschall gemacht worden? Es ist bekannt, dass die Chemo die Organe angreifen kann. Warum ist das nie untersucht worden? Und warum hatte ich keinen festen Zugang für die Infusionen bekommen anstelle dieser ewigen Quälerei mit den Tropfen? Aber in dieser Klinik bekamen wir von niemandem eine Antwort.

Der fünfte Tag der Chemo wurde abgesetzt. Meine Entzündung war schlimmer geworden, und das Jucken von dem Medikament wurde unerträglich. Ich kratzte mir wieder mal die Beine blutig und bekam Valium zum Schlafen. Am 8.3.1992 durfte ich – mit 600 Leukos – wieder nach Hause. Ich bekam alle möglichen Medikamente gegen das Jucken mit und verließ die Station.

Daheim ging es mir innerhalb von zwei Tagen wieder gut, aber am vierten Tag musste ich in die Klinik, um das Blut untersuchen zu lassen. Mir ging es prima, und ich war sehr optimistisch. Bevor wir losfuhren, hielten wir an einer Tankstelle. Dort trafen wir zufällig meinen Kinderarzt. Er lobte mich und sagte, wie gut ich aussähe. So machten wir uns auf den Weg ins Ungewisse.

Das Warten auf die Auswertung des Blutes dauerte sehr lange. Als ich das Ergebnis in die Hand gedrückt bekam, wusste ich, warum: Auf dem ausgedruckten Blatt Papier stand: »0 Leukos, 32000 Thrombos und 8,3 Hb.« Null Leukos? Habe ich mich verguckt? Brauche ich eine neue Brille? Ich schaute die Ärztin ungläubig an. »Es sind natürlich nicht null«, sagte sie. »Wir haben noch mal per Hand gezählt. Es sind 100. Du gehst besser auf die Station!« »Per Hand gezählt«, das heißt natürlich mit dem Auge und durch das Mikroskop. Normalerweise wird das Blutbild von einer Maschine ausgewertet. Aber bei mir hatte die Maschine erst gar keine Leukos gefunden.

Welches Leben ist so viel Leiden wert?

Mittlerweile kann der Leser, die Leserin sich vorstellen, wie ich mich dabei gefühlt habe. Das war zu viel! Jetzt beim Schreiben kommen die gleichen Gefühle wieder hoch, und ich muss oft unterbrechen. Ich muss aufstehen und einmal durch die Wohnung gehen, Klavier spielen, meine Mutter und meine Schwester in den Arm nehmen, meine Tränen wegwischen und mich kneifen, um zu überprüfen, ob ich wirklich noch da bin oder ob ich nur träume. Ich kann es heute gar nicht mehr glauben, was ich alles durchgemacht habe, dieses Auf und Ab an Gefühlen und Empfindungen – ich glaube, ich könnte es nicht noch einmal. Ich würde das auch nicht noch einmal durchmachen – das weiß ich genau. So viel ist mir mein Leben nicht wert. Und vor allem: diese Sache mit dem Glauben, mit meinem Glauben. Er wurde in jenen Tagen endgültig festgelegt: Ich glaube an mich selber. An sonst niemanden. Ich glaube so stark, dass ich es geschafft habe, meine Krankheit zu besiegen. Wenn ich einen Rückfall bekäme, wäre ich von mir selbst enttäuscht, und mein Glaube könnte mich verlassen. Ohne Glaube ist der Mensch nur halb so stark. Egal, an was er glaubt, an Kirche, Personen, Tiere oder Götter – alle erfüllen die gleiche Aufgabe.

Ich habe mehr Angst vor Leiden als vor dem Tod. Einmal während der Therapie verkürzten sich die Muskeln und Sehnen in meinen Beinen. Ich konnte meine Beine nicht gerade durchdrücken, sodass ich nur noch unter starken Schmerzen und auf Zehenspitzen gehen konnte. Niemand konnte mir sagen, ob das je wieder wegginge oder ob es schlimmer werden könnte. Ob ich einen Rollstuhl brauchen würde oder ob ich eines Tages beim Sport wieder mitmachen könnte. Ich hatte Angst weiterzuleben. Aber allmählich wurden meine Beine wieder besser, obwohl ich lange Zeit keine Reflexe hatte.

Nein, der Tod ist nicht schlimm. Es war an diesem Tag, dass ich Rebecca zum letzten Mal sah. Als ich wieder auf die Station kam, war sie zum Sterben entlassen worden und tröstete mich. Es ist schwer, jemanden zu verlieren. Unendlich schwer. Es war schon schrecklich für mich, als ich vier Jahre alt war und meine beste Freundin wegzog. Als wir nach Deutschland kamen, dachte ich, ich würde nie wieder Freunde finden. Aber das sind Kleinigkeiten. Meine kleine Freundin von damals habe ich längst vergessen, meine Freunde in Amerika auch. Man weiß aber immer im Hinterkopf, dass es irgendwo jemanden gibt, der dieselben Erinnerungen an bestimmte Situationen wie man selbst hat. Aber wenn man jemanden, den man gern hat, durch den Tod verliert, vergisst man ihn nie. Man lebt zwar weiter und wird sicherlich auch wieder glücklich, aber im Hinterkopf weiß man, dass dieser jemand nicht mehr da ist. Endgültig. Vielleicht ist es das, was den Tod für viele Menschen so erschreckend macht: die Endgültigkeit. Wir Menschen sind dann nicht mehr die Herrscher, die Allmächtigen. Kein Arzt kann die Verstorbenen zurückbringen, nie wieder. Ich glaube, das ist es, was am Tod das Schlimmste ist.

Na ja, nun saß ich also wieder auf der Station mit so gut wie gar keinen Leukos, Thrombos und mit zu niedrigem Hb. Mir ging es blendend, aber ich sollte wieder eingesperrt werden. Am Tag zuvor noch war ich unter Menschen gewesen, sogar bei den Pferden. Ich hatte meine Werte nicht gewusst, und sie hatten mich auch nicht interessiert. Ich war normal gewesen – und jetzt saß ich hier im weißen Zimmer. Meine Mutter musste einen Mundschutz anziehen, obwohl sie mir vor wenigen Minuten noch einen Kuss gegeben hatte. Plötzlich war meine Welt wieder umgestürzt, und die Situation steigerte sich zur Katastrophe, als eine Ärztin geschickt wurde, um mir einen Tropf anzulegen.

Ich war mittlerweile im siebten Monat der Therapie,

und meine Venen waren am Ende. Am rechten Arm eine Venenentzündung, am linken eine riesige Delle, wo ausgelaufene Chemo das Gewebe weggeätzt hatte. Mein Fuß war immer noch blau vom letzten Tropf – es war ziemlich aussichtslos, eine heile Vene zu finden. Ich empfand aber gleichzeitig Mitleid für die junge, neue Ärztin, die keine Ahnung hatte und nun ein schluchzendes Mädchen ohne geeignete Venen vor sich hatte. Sie probierte es mit allen Mitteln, legte Manschetten an, klopfte viel und legte meinen Arm in heißes Wasser – es war nichts zu finden. Natürlich stach sie drei- oder viermal an – es war ja einen Versuch wert –, aber alles ohne Erfolg. Mittlerweile war sie selbst fast am Heulen und meinte, sie könne es nicht. Damit ging sie, um einen anderen Arzt zu holen. Ich bin bald ausgeflippt: »Was soll das alles? Mir geht es doch gut! Wozu brauche ich einen Tropf? Ich brauche keine Medikamente! Wieso muss ich wieder in diesem kahlen Zimmer sitzen?«

Bald kam die Ärztin mit Verstärkung zurück, und sie versuchten mir zu erklären, wozu ein Tropf gut sei. Ich hörte nicht zu. Der neue Arzt untersuchte meine Arme gründlich und wendete wie seine Kollegin wieder alle Mittel an. Nach zwanzig Minuten kam er zu dem Ergebnis: »Es gibt nur noch eine Möglichkeit, an der Pulsader des linken Handgelenks. Es wird dir wehtun, aber da musst du durch.« Damit hielten sie mich fest und schoben die Nadel in die empfindliche Stelle an der Innenseite des Handgelenks.

Ich sprach weiter vorn von zwei außergewöhnlichen Erlebnissen während der Therapie, wobei das erste für mich ein »Todeserlebnis« war. Das Anlegen dieses Tropfs stellt nun das zweite besondere Erlebnis dar. Ich habe diese Situation auch – vielleicht fälschlicherweise – als Tod erlebt, obwohl, weiß Gott, keine Lebensgefahr für mich bestanden hat.

Ein Todeserlebnis ist für mich die »absolute« Situation.

Eine Situation, die nur aus einem einzigen Gefühl besteht und doch wesentliche Erkenntnisse herbeiführt. Damals, als ich umgekippt war, fühlte ich mich nur noch müde – sonst nichts. Und als ich aufwachte, wusste ich ganz plötzlich, dass ich mir selbst helfen konnte.

Als ich nun diesen Tropf bekam, waren das mit die schlimmsten Schmerzen, die ich je in meinem Leben gespürt habe, so wie ich am Anfang erklärt habe: Meine psychische Angst bekam die Überhand. Sie verwandelte sich in physische Angst und wurde in Schmerzen ausgedrückt. Meine Angst war so groß, dass sie Schmerzen verursachte, die alle anderen während der Therapie erlittenen Schmerzen übertrafen. Alle. Ich hatte die Welt einfach satt. Was müsste das für ein Leben sein, das so viel Leiden wert ist? So eines gibt es nicht. Auch deshalb würde ich nie wieder Therapie machen, dafür ist diese Welt nicht gut genug – jedenfalls für mich.

Auch wenn das jetzt sehr deprimiert klingt, bin ich gar nicht depressiv, denn ich lebe gern und freue mich, am Leben zu sein. Und natürlich genieße ich all die wunderschönen Sachen, die dieses Leben ermöglicht. Dafür habe ich ja auch hart gekämpft. Aber trotzdem glaube ich, dass der Tod genauso schön sein kann. Ich will noch nicht sterben, aber ich fürchte mich nicht davor.

Jedenfalls bestätigten diese Schmerzen für mich, dass es keinen Gott geben kann. Wer weiß, wie das alles zusammenhängt und wer was bewegt! Vielleicht ist alles nur Schicksal? Niemand kann das wissen, und eigentlich ist es ja auch egal, wer oder was unser Leben bestimmt. Hauptsache ist, jeder Einzelne von uns lernt damit umzugehen. Eine ziemlich unbequeme Lage für uns Menschen!

Ich schrie, als sie die Nadel einstachen. Ich schrie mit voller Kraft. Die missglückte KMP (Knochenmarkpunktion) und dieser Tropf waren die einzigen Male, wo ich alle Scheu und Würde vergessen und wie ein Baby geschrien habe. Ich schrie aus Wut und dachte: »Warum, zum Teufel? Warum kann ich nicht einfach nach Hause gehen und sterben? Wozu lasse ich das alles mit mir machen? Warum lässt die Mama das zu?«

Als sie fertig waren und der Tropf – Gott sei Dank – richtig funktionierte, gingen sie. Wie immer. Wieder einmal blieb die Mama allein mit mir zurück und versuchte, mich irgendwie zu beruhigen. Weder Arzt noch Schwester kamen nochmals, bis es Abendbrot gab. Wahrscheinlich hatten sie wieder einmal keine Zeit, oder vielleicht auch keine Lust, sich um Zimmer 17 zu kümmern. Wäre ja nichts Neues gewesen. Später am Abend gab ich meiner Mutter eine Liste von Sachen, die ich brauchte: mein heißgeliebtes Kuscheltier Muschi, meinen Walkman, Schlafanzüge, Thunfisch, Gurken und mein Lateinbuch – alles, was man so zum Leben braucht.

In der Nacht bekam ich Thrombozyten, am nächsten Tag zweimal Blut. Vier Tage nach meiner Einlieferung hatte ich kein Fieber, keinen Infekt, aber immer noch nur 100 Leukos. So hielt man das über eine Woche. Mir war es aber wieder einmal schrecklich langweilig. Eine Woche im Krankenhaus ohne Symptome und mit einem Tropf, wo meistens nur Flüssigkeit reinlief und ab und zu mal Thrombos oder Blut. – Sehr aufregend!

Niemand kam. Niemand hatte Zeit. Allmählich bekam ich Angst. Ich hatte Angst, ich würde verrückt werden. Einmal lag ich im Bett und sah fern. Ich war allein. Neben mir standen meine Tasse Tee und das Kännchen. Plötzlich packte mich dieses Gefühl des Eingesperrtseins so stark, dass ich unbedingt diese Tasse gegen die Wand schmeißen wollte, sofort, mit aller Kraft, dass es donnerte. Ich wollte schreien und wollte, dass sie alle ins Zimmer gerannt kamen, dafür würde ich das Geschimpfe gern in Kauf nehmen. Vielleicht hätte ich das einfach mal tun sollen, wer weiß? Aber mich hielt eine andere Sache davon ab: Ich hatte Angst. Angst, sie würden mir Beruhigungsmittel geben, sodass ich nicht mehr richtig denken könnte. Nein, das kann ich mir nicht erlauben. Ich setzte die Tasse wieder ab und schaltete den Fernseher auf ein anderes Programm um.

Ich fand es sehr merkwürdig, dass tagelang niemand mein Bett machte. Sonst geschah das täglich. Hier schlossen sie mich also ein, machten sich ständig Sorgen um meine Werte, legten einen Tropf an, und nun lag ich über eine Woche in dem gleichen Bettzeug. Irgendwie paradox, oder? Mama wechselte es schließlich. Ich war zwar stark genug, um es selbst zu tun, aber ich traute mich nicht, den Arm mit dem so mühevoll angelegten Tropf zu bewegen. Um alles in der Welt durfte der nicht kaputtgehen!

Eine Woche lang schlich ich durch das kleine Zimmer, schaute fern, starrte aus dem Fenster und wartete darauf, dass irgendetwas geschehen möge. Und mein Warten wurde »belohnt«. Nach neun Tagen im ungemachten Bett bekam ich das von den Ärzten erwartete Fieber. Sie haben wahrscheinlich alle aufgeatmet.

Eine Woche lang, als es mir trotz ihrer Erwartungen so blendend ging, hatten sie mir erzählt, dass ich bald einen Infekt bekommen würde, ja müsste. Es werde nicht mehr lange dauern, jeden Tag könne es geschehen. Tagtäglich bei der Visite das Gleiche: »Was, immer noch keine Anzeichen? Morgen vielleicht.« Ich hatte ihnen klarzumachen versucht, dass es mir vielleicht auch gut gehen könnte, dass ich vielleicht gar keinen Infekt bekommen würde. Meine Hoffnungen wurden überhört. Denn was noch nie da war, konnte jetzt auch nicht sein. Unmöglich. Von heute auf morgen bekam ich 39,9° Fieber, und meine Mundschleimhaut wurde mit den bekannten Bläschen überzogen.

Das Geburtstagsgeschenk

Ich wurde von Schuldgefühlen geplagt: Mama hat Geburtstag! Ich konnte nichts schenken, ich konnte nicht mal ins Spielzimmer, um etwas zu basteln, und niemand kam zu mir. Moment, was ist denn das für ein Denken? Ich lasse Mamis Geburtstag doch nicht von dieser unfähigen Station versauen! Ich werde schreiben. Ich werde ihr ein Buch schreiben. Von neuer Motivation gepackt, bereitete ich im Kopf Geschichten vor. In der Nacht stieg meine Temperatur auf 41° und klang am nächsten Tag wieder ab. Nach zwei Tagen war alles wieder weg: Bläschen, Fieber und Infekt. Da machte ich mich voller Energie ans Schreiben. Nach drei Tagen war ich fertig, und eine Freundin, die mich manchmal besuchte, tippte es für mich ab. Mama wusste nichts davon. Sie war einfach zu glücklich, dass mein Fieber so schnell wieder weg war. Sie weinte, als ich ihr an ihrem Geburtstag das liebevoll gebundene Buch überreichte. Es hieß »Feuerfliegen«, nach Rabindranath Tagores »Fireflies«, einer Sammlung von ergreifenden Gedichten, die für uns immer sehr wichtig gewesen waren. Meine Version war sowohl auf Deutsch als auch auf Englisch geschrieben. Und so führte ich meine Mutter durch die Welt meiner Gedanken:

Feuerfliegen

Von Mavi für meine Mama

Ein Elefant
Ein Elefant gab mir die Hand
an einem Sonntagmorgen.
Ich schrie: »O Schreck, meine Finger sind weg!«,
und lief zum Arzt voller Sorgen.

Love
Every leaf must fall
every day must end
every creature must die
every tree must bend one day
but not my love for you
it grows with flowers each day anew

Eine Geschichte
Es war einmal ein kleines Mädchen, das ganz alleine in einer riesigen Burg wohnte. Natürlich nicht ganz »allein«, denn seine Eltern und viele Angestellte wohnten auch dort, aber sie war trotzdem sehr einsam. Und weil sie immer so alleine war und immer nur mit sich selbst spielen konnte, wurde sie ungeheuer wütend auf die Welt.

»Was willst du heute machen?«, fragte ihre Mutter. »Willst du mit den Pferden spielen, im Schwimmbad schwimmen gehen oder vielleicht mit den Angestellten Tanz spielen?«

Das kleine Mädchen schüttelte traurig den Kopf. Sie hatte Angst vor Pferden, das Wasser im Schwimmbad war zu kalt, und beim Tanzen wurde sie von den Angestellten immer besiegt. Sie wollte gerne ein kleines Mädchen, mit dem sie spielen konnte. Aber andere Mädchen kennen lernen durfte sie nicht, weil die Eltern an eine alte Legende glaubten. Diese Legende besagte, sie würden alles verlieren, wenn ein anderes Mädchen jemals die Burg beträte.

Eines Tages, als das Mädchen alleine an einem Teich lag, fing sie an zu weinen, laut und verzweifelt. Sie weinte, weil sie wollte, dass sich die Situation änderte, und weil sie Angst hatte, es werde sich nie ändern.

Da fühlte sie eine Hand auf ihren Schultern. Sie drehte sich um, um zu sehen, wer es war, aber sie sah niemanden. Dieser Niemand nahm sie sanft in den Arm und wischte ihr die Tränen ab. Er stand auf und trug sie weg in eine neue Welt, wo sie sehr glücklich war.

Apples

How many times have I looked up and seen
the biggest apples at the top of the tree?
The longing to eat them, so juicy and sweet –
but the only ones you reach are those at your feet.
So you try to climb the big huge tree,
higher and higher until you seem to be
up in the sky – like the birds you see.
So you pick your apple, and what do you see?
A worm is in it, and you fall from the tree.

And that's what you get from apples
that should not have been.

Der Stacheldraht

Es war einmal ein Stacheldraht,
der vielen immer Unrecht tat.
Er hielt die Wölfe raus
und die Schafe drin,
und so langsam merk' ich,
dies Gedicht hat keinen Sinn!

This is your Life

Vor genau 42 Jahren kam ein kleines Mädchen auf diese Welt. Ihr Schicksal war schon festgesetzt, sie sollte später, wenn sie stirbt, der neue Oberengel sein. Ein Oberengel ist der mächtigste Engel im ganzen Himmel. Es gibt nur einen Oberengel im Himmel, und er ist die wichtigste Person – außer Gott, natürlich. Der Oberengel achtet darauf, dass alle Engel glücklich sind und immer auf ihr Pflegepersonal auf der Erde aufpassen. Der Oberengel selbst hat mehrere Pflegepersonen, weil er so viel Liebe in sich hat und weil ihn Gott ganz besonders lieb hat. Der jetzige Oberengel ist schon seit mehreren Jahrhunderten im Dienst und möchte jetzt pensioniert werden. Da dieser Beruf rein freiwillig ist, darf er natürlich aufhören, wann er will.

Um ein Oberengel zu werden, muss man auf Erden viele schwere Tests bestehen, ohne die Liebe aufzugeben. Zum ersten Mal ist nun dafür eine Frau gewählt worden. Sie hat bis jetzt viel durchgemacht, aber bald wird es besser.

Und diese Frau bist Du, Christiane Beate Schmidt. Also, vergiss nicht, Du wirst es durchstehen, weil Du zu etwas sehr Wichtigem bestimmt bist. Gib nie die Hoffnung auf!

In Liebe,
Deine Mavi

The Light

Look there – do you see?
There yonder beyond the trees.
There is a light that dwells high above the earth
that only GOD can see
It is a light filled with happiness and love.
It is a beautiful light that only few can see.
When one approaches it, it disappears,
they don't seem to realize it has many fears.
It is only seen by those who look for it.
So look there beyond the trees.

What do you see?
Nothing right?
Because I can see the light beyond the trees.

Rotkäppchen
Eines Tages ging unsere Heldin Rotkäppchen durch den Wald. Plötzlich sah sie den Wolf.

»Aber Wolf, warum hast du so große Augen?«, fragte sie ängstlich.

Da rief der arme Wolf empört: »Noch nit' amal in Ruh scheißen kann man hier.«

Das sind ein paar Ausschnitte aus »Feuerfliegen«. Das Anfangsgedicht »Ein Elefant« hat für mich die wichtige Bedeutung, dass es das erste Gedicht ist, das ich auf Deutsch geschrieben habe. Ach ja, und natürlich »Rotkäppchen«. Ein Witz, den ich irgendwo aufgegabelt habe. Er wurde von mir während der Therapie tausend Mal erzählt, und dabei bekam ich immer wieder einen hysterischen Lachanfall. Ich konnte mehr darüber lachen als meine Zuhörer, die aber auf jeden Fall Spaß an meiner so plötzlich auftretenden Freude hatten. Auch heute noch, wenn ich ganz schlecht gelaunt bin und nicht einmal lächeln will, erzählt mir meine Schwester diesen Witz. Ich kämpfe dann verzweifelt gegen die aufkommende Freude an, kann aber das Lachen nie verbergen. Zuerst setzt sich ein breites Grinsen auf mein Gesicht, worauf meine gemeine Schwester den gleichen Witz immer und immer wieder erzählt und dabei sich selbst dumm und dämlich lacht – schrecklich. Was ich an diesem Witz so komisch finde, ist mir bis heute unklar.

Stöhnen

Nach zwei Wochen im Schleusenzimmer, nach unzähligen Thrombo- und Blutplättcheninfusionen passierte das Schlimmste, was ich mir zu der Zeit vorstellen konnte: Mein Tropf ging zu, nachts, als sie mir Blut geben wollten und meine Mutter nicht mehr da war. Zugleich passierte etwas Ungewöhnliches: Die Nachtschwester kümmerte sich um mich. Und wie durch ein Wunder fand die Ärztin eine Vene in der Armbeuge, die Nadel lag richtig, kein Fühlen oder Stochern. So glücklich wie in dem Augenblick war ich lange nicht mehr gewesen.

Mit der Zeit entwickelte ich eine Allergie gegen Thrombozyten. Ich bekam schreckliche Magenschmerzen, während sie mir in die Vene tropften. Ich habe aber tatsächlich ein wunderwirkendes Mittel gefunden: Stöhnen. Tatsächlich! Dieses »Ooooooooooohm« von manchen Religionen hat sicherlich seine Gründe. Ich hielt den tiefen Ton ganz lange, atmete ein und setzte von neuem an. Zum Glück hörte mich niemand. Es wirkte aber sehr entspannend.

Ganz am Anfang der Therapie, als ich das erste Mal Thrombos bekommen sollte, hatte ich eine wahnsinnige Angst. Eine andere Mutter hatte mir nämlich die Ohren vollgejammert, wie weh das täte. Ihr Kind würde jedesmal schreien, wenn es Thrombos bekäme, weil sie so dickflüssig seien. Ich sollte mich auf einiges gefasst machen. Ich weiß bis heute nicht, was sie damit erreichen wollte. Ob sie mir Angst einjagen wollte, oder ob sie einfach unsicher war. Jedenfalls waren bei mir die Magenbeschwerden viele Transfusionen später die einzigen Nebenwirkungen, die ich je bemerkt habe. Man sollte nicht alles glauben, was man erzählt bekommt.

Ich verbrachte eine Woche in Isolation, mir ging es gut, abgesehen von den zwei Tagen Fieber. Aber ich träumte immer schlecht. Ich träumte, ich wollte Mama anrufen, und konnte die Tasten nicht treffen, oder die Wände erdrückten mich, oder jemand verfolgte mich. Meine Träume machten mir zu schaffen. Ich wachte morgens müder auf, als ich abends gewesen war. Einen Teil erzählte ich meiner Mutter, den Rest verarbeitete ich allein. So mache ich es auch heute noch, denn es gibt selten eine Nacht, in der ich nicht schlecht träume.

Ein paar Tage Erholung

Nach drei Wochen durfte ich raus. Ich wollte meinen Tropf behalten. Ich hatte kein Vertrauen und vor allem Angst, zwei Tage später wieder eingeliefert zu werden. Die Schwestern redeten es mir aus, entweder würde ich nach Hause gehen und mich erholen, oder ich müsse dableiben – und dann am Tropf. Mir war zwar bange, aber ich ließ die Nadel ziehen. Meinen Ellenbogen konnte ich nicht bewegen – wie jedesmal, wenn ein Tropf entfernt wurde. Zur Sicherung des Tropfs war eine Schiene angebracht worden, die den Arm steif hielt. Es dauerte jedesmal drei Tage, bis alles wieder beweglich war.

Aber ich war draußen, an der frischen Luft – unter Menschen. Wir fuhren auf meinen Wunsch nach Bayern zu meiner Tante und meinem Onkel. Diese wohnen wunderschön in einem kleinen Dorf, direkt am See. Eine Woche lang erholten meine Mutter, meine Schwester und ich uns von den entsetzlichen Strapazen der letzten Wochen und Monate. Eine weitere Woche verbrachten wir daheim. Meine letzte Therapie war geschafft. Vor mir stand nur noch die Bestrahlung.

Die spontane Fahrt nach Bayern war wirklich sehr gewagt von uns, und es gehörte viel Mut dazu. Wenn man bedenkt, wie viel wir erlebt hatten, wie viel Angst wir eingeredet bekommen hatten und auch von uns aus hatten. So viele Erlebnisse. Aber wir wagten es, gleich am Tag nach der Entlassung. Es gab sogar einen Arzt in dem 1000-Seelen-Dorf, der »Fingerpiekse« machte, mit anderen Worten, er brauchte bloß einen Tropfen Blut aus meinem Finger und konnte damit in seiner Praxis die Werte auszählen. – Äußerst angenehm, dass die Aussicht auf die Entnahme von Venenblut sehr gering war!

Da waren wir nun im wunderschönen Bayernland. Das Gras war grün, die Kuhglocken bimmelten, und ich war fertig mit der Intensivtherapie. Was konnte das Leben schön sein! Ich fuhr zum ersten Mal seit einem Dreivierteljahr Fahrrad – zwar nicht viel, aber immerhin. Es ist ein außergewöhnliches Gefühl, etwas zu tun, was man lange nicht mehr tun konnte.

Mit neun Jahren habe ich in diesem Dorf schon einmal Ferien gemacht. Ganz allein bin ich mit dem Flugzeug geflogen und habe einen wunderschönen Urlaub verbracht. Damals lernte ich die Zwillinge Leonhard und Florian kennen, Freunde von meiner Cousine Ricarda und meinem Cousin Alex. Meine Güte, hatte ich mich in Leo verliebt! Ich liebte ihn mit meinem ganzen neunjährigen Herzen. Das legte sich natürlich wieder, aber diesen ersten Schwarm kann ich natürlich nicht vergessen.

So war mir ziemlich unwohl, als Ric und Alex den Besuch der Zwillinge ankündigten. Jetzt, in meinem Zustand! Mir wurde richtig bewusst, wie »hässlich« ich war: blass, gelblich, keine Haare; keine Augenbrauen, keine Wimpern; mager. Und nun sollten mich diese zwei hübschen 16-jährigen Jungen sehen? Ich fühlte mich plötzlich sehr klein. Es ging mir zum ersten Mal auf, dass ich nicht mehr in die gesellschaftlichen Normen des Aussehens passte. Klar, in den wenigen Tagen, an denen ich daheim gewesen war, hatte es schon Situationen gegeben, Bemerkungen und die alles sagenden Blicke der Passanten auf der Straße. Sogar auf der Autobahn hatten sich Leute beim Überholen umgedreht, um das kleine blasse Etwas sehen zu können. Das war mir eigentlich alles egal gewesen. Aber nun stand dieser alte Schwarm vor mir! Der Abend war sehr anstrengend für mich. Ich fühlte mich im Kreis dieser Jugendlichen – Ricarda, Alex, Leo, Flo und ein Freund von Ricarda – ganz unwohl. Ich war nicht so. Ich war nicht so schön und konnte mich nicht über die gleichen Sachen amüsieren. Ich glaube, meine Cousine und mein Cousin wussten auch nicht so recht, wie sie mich behandeln sollten. Aber sie bemühten sich, was ich sehr zu schätzen wusste. Wir haben oft bei ihnen Ferien gemacht, und Rici und Alex habe ich viel zu verdanken, was Selbstbewusstsein angeht, wenn es auch ihrerseits unbewusst geschehen ist.

Das Problem mit dem Aussehen legte sich, als wir wieder daheim waren. Ich dachte nicht mehr darüber nach. Genauso wie damals in Amerika, als ich mit elf Jahren 70 Kilo gewogen hatte. Ich fand mich schön. Es gab nur vereinzelte Momente, wo mir mein »Anderssein« deutlich wurde. Diese Momente waren sehr schmerzhaft und bleiben als kleine Kerben in meinem Gedächtnis.

Abgesehen von der Konfrontation mit meinem Aussehen waren die Ferien und die Zeit daheim fabelhaft. Jeden Morgen wachte ich mit nur einem Gedanken auf: Nur noch die Bestrahlung! Ich war absolut selig und freute mich darauf, endlich wieder in die Klinik zu können und den Rest hinter mich zu bringen. Und so wurde ich am 22.4.1992 glücklich und sogar mit kurzen, fast unsichtbaren Stoppelhaaren wieder in die Klinik gebracht.

Nur noch die Bestrahlung

Zu meinem Vergnügen stellte ich fest, dass ich die kleine quirlige Fünfjährige von meinem Einlieferungstag bei mir im Zimmer hatte. Und ich brauchte nicht mal einen Tropf. Es war ein total anderes Klinikgefühl: keine Nadeln, keine Schmerzen, noch keine Übelkeit und sogar eine nette Ansprechpartnerin im Zimmer. Und ich durfte auch raus, sogar in die Stadt. Ich kochte mir mein Mittagessen selbst und konnte mir etwas zu trinken holen, wenn ich Durst hatte. Ich war auf nichts und niemanden angewiesen und schwor mir, es nie wieder sein zu müssen.

Die Bestrahlung war eine fast witzige Sache, nicht ganz so, wie manch einer sich das vorstellt. Dazu habe ich die tollsten Fragen gehört: »Ist es wie im Fernsehen? Alles dunkel, kahl und kalt? Rennen die alle in Schutzanzügen umher? Strahlst du noch? Spürt man die Strahlen? Leuchten die Strahlen?« – Um ehrlich zu sein, zu meinem ersten Termin bin ich auch mit solchen Gedanken gegangen.

Das Gebäude war bewacht, ich bemerkte einige Videokameras, und es war sogar im Keller. Aber die Wände waren weiß, im Wartezimmer gab es Pflanzen und ein Aquarium, und die Ärzte sahen ziemlich normal aus. Ich wurde fotografiert, damit niemand sich hereinschmuggeln konnte und *meine* Bestrahlung bekam. Ich kann mir eigentlich nicht vorstellen, dass jemand unbedingt bestrahlt werden möchte. Die Erklärung für das Foto habe ich mir selbst ausgedacht. Warum man aber ein Foto macht, das ist mir bis heute ein Rätsel. Nach dem Foto wurde mein Schädel gemessen, und ich bekam rote und schwarze Linien aufgemalt mit der eindringlichen Warnung, diese ja nicht wegzuwischen. In die Sonne sollte ich auch nicht gehen.

Die Bestrahlung selbst funktioniert so: Man wird aus dem Wartezimmer gerufen und mit dem Foto verglichen. Dann kommt man in eine Kabine, wo man den Körperteil freimachen muss, der bestrahlt werden soll – bei mir der Schädel. Also setzte ich meinen Hut ab, nahm auch Brille, Halskette und Uhr ab. Dann wartet man in der Kabine, bis aufgemacht wird. Man kann nämlich die Tür zum Bestrahlungsraum nur von außen öffnen.

Von dort wurde ich in einen geschmackvoll ausgestatteten Raum geführt: schöne Teppiche, schöne Tapeten, Radio lief über Lautsprecher – insgesamt sah es aus wie in einem hochmodernen Wohnzimmer, abgesehen von einem Tisch inmitten des Raumes und einem röntgenähnlichen Gerät darüber. Ich legte mich auf den Tisch, und eine Helferin richtete das Gerät her, damit es genau mit den gezeichneten Linien auf meinem Kopf übereinstimmte. Sie verließ den Raum, und ich bekam die Anweisung: still liegen und möglichst ruhig bleiben.

Nun war ich gespannt. Wird es donnern, blitzen oder leuchten? Das Gerät fing an zu brummen, und ein absolut ekelhafter Geruch erfüllte meine Nase. Der Geruch dauerte nur kurz, aber etwas so Scheußliches habe ich in meinem ganzen Leben noch nicht gerochen. Ich habe den Geruch immer noch in der Nase, kann ihn ganz genau in meine Erinnerung rufen, aber nicht erklären. Vielleicht könnte ich ihn als eine Mischung aus Benzin, Kerzenwachs und Schwefel beschreiben, oder als eine Mischung aus Essig, saurer Milch und Haarspray – einfach schrecklich, stechend, aufdringlich und irgendwie gemein. Komisch, aber bis jetzt habe ich mit niemandem gesprochen, der diesen Geruch genauso bemerkt hat. Ob ich mir das nur einbilde, wer weiß? Jedenfalls war er jedesmal da, wenn das Gerät anging. Ich gewöhnte mir an, immer auszuatmen, wenn das Brummen anfing. Ganz heftig pustete ich aus. Aber es nützte nichts. Der Geruch war unbesiegbar und peinigte meine Nase immer und immer wieder, heftete sich an meine Nasenhärchen und wartete darauf, dass ich irgendwann wieder einatmen musste. Ja, ich denke, »gemein« ist der richtige Ausdruck für diesen

Geruch. Für den Rest meines Lebens werde ich ihn mit der Radioaktivität verbinden. Hoffentlich werde ich ihn nie wieder riechen müssen.

Erst später hatte man mir erklärt, dass dieser Geruch vom Ozon herrühren kann, das beim Anspringen der Maschine entsteht. Er könne aber auch durch eine Ionisierung meiner Nervenzellen herrühren. Jedenfalls habe ich mir nichts eingebildet. Sonst passierte nichts: kein Donner, kein Blitz, kein Leuchten. Ziemlich öde. Mir wuchsen keine neuen Ohren, und andere Mutationen waren auch nicht feststellbar. Nur diesen Geruch werde ich nie vergessen.

Wieder auf der Station angekommen, bekam ich Zofran, gegen Übelkeit. Man hatte mir gesagt, dass ich gegen die Übelkeit auch Cortison bekommen würde. Ich fragte vorne in der Küche.

Schwestern und Ärzte hatten sich gerade zum Kaffeetrinken versammelt, und meine Anfrage kam ziemlich ungelegen.

»Cortison? Wieso Cortison? Wer hat das gesagt?«

»Der Doktor.«

»Ach so. Na ja, gut. Muss es denn jetzt sein?«

Alle verdrehten die Augen. Man merkte deutlich, was in jedem vorging:

»Ich nicht. Ich gehe jetzt nicht zur Apotheke.«

»Ich weiß es nicht, ob ich das Medikament jetzt brauche«, sagte ich. »Sie haben es mir verschrieben, dann müssen Sie auch wissen, wann ich es brauche!«

Der Arzt überlegte kurz und sagte dann: »Mach' es doch mal ohne. Wir haben jetzt nichts auf Station.«

Also gut. Ich schaffe es dann auch ohne Cortison. Ich ging zurück in mein Zimmer und schlief eine Stunde. Plötzlich wurde ich aber von einem unangenehmen Geruch geweckt: Man hatte gerade eine Stelle an meinem Bauch desinfiziert und setzte dazu an, mir eine Spritze zu verabreichen.

»Was ist denn das?«, erschrak ich.

Die Ärztin schaute mich etwas verdutzt an: »Wie – was ist das? Das weißt du doch!«

»Das weiß ich eben nicht!«

»Wir fangen heute mit der Langzeittherapie an. Dazu gehört eben diese Spritze.«

Das war ganz neu für mich. Bis dahin hatte man mir gesagt, dass ich zuerst die Bestrahlung und dann die Therapie bekäme. Die Therapie besteht aus täglich zwei Chemo-Tabletten und einmal im Monat, vier Tage hintereinander, Chemo-Spritzen, eben in den Bauch.

Als ich also wenigstens wusste, wofür die Spritzen waren, störten sie mich nicht mehr. Je eher ich anfange, desto eher bin ich fertig! Die Therapie sollte nämlich 18 Monate dauern. Das ist eine lange Zeit! Ich war ganz stolz auf mich: Chemospritzen, Chemotabletten und Bestrahlung – und das alles an einem Tag! Ohne Cortison. Ich schaffte es auch so. Mir ging es gut – bis 22.00 Uhr. Die Übelkeit kehrte ein – und zwar plötzlich! So plötzlich und heftig, dass es nicht mal bis zur Toilette reichte. Was für eine Sauerei! So ging das die ganze Nacht lang – wie in alten Zeiten.

Zur Visite am nächsten Tag hatte man nun doch einen Zivi in die Apotheke geschickt und mein Medikament geholt. Was dann tatsächlich geholfen hat. Ich fragte, ob ich zum Abschluss noch eine Knochenmarkspunktion brauchte. Als letzte Kontrolle. Mir wurde versichert, dass das nicht mehr nötig sei. Halleluja! Wenigstens eine positive Nachricht.

Meine zehnte und letzte Bestrahlung brachte ich ohne Zwischenfall hinter mich. – Mit ein wenig Glück! Denn zur Zeit streikten die öffentlichen Dienste. »Mein« Bestrahlungsgerät war das einzige, das zur Zeit in Betrieb war. Viele Patienten mussten ihre Termine ausfallen lassen, wegen Streik. Komische Sache, fand ich.

Zur Sicherheit fragte ich noch mal wegen der KMP nach

und bekam – Gott sei Dank! – wieder ein »Nein« zur Antwort. Meine endgültige Entlassung rückte immer näher! Countdown läuft! Meinen Professor hatte ich seit Januar nicht mehr gesprochen – mittlerweile hatten wir Mai.

Und dann kam, wovon ich monatelang geträumt hatte: mein Entlassungstag! Schon morgens früh hatte ich alles fertig gepackt und wartete nur noch auf die Visite. Die ließ auf sich warten. Aber macht nichts, ich kann nach Hause. Heute bringt mich nichts aus der Fassung!

Endlich traten sie ein: Stationsärzte, Praktikanten, Schwestern und sogar der Professor selbst. Vielleicht will er mich verabschieden? Mir gratulieren? Er kam zuerst ins Zimmer gestürzt. Übel gelaunt. Er begrüßte mich mit den Worten: »Wir machen heute doch eine KMP. Du kannst noch nicht nach Hause.« Damit machte er auf seinem Absatz kehrt und ging.

Ich musste mich erst mal hinsetzen, und das Erstaunen war auch in den Gesichtern der Ärzte und Schwestern nicht zu übersehen. Sie versuchten, die peinliche Situation zu überspielen, gingen dann aber etwas ratlos hinaus. Da fing ich an zu heulen. Jetzt reichte es! Ich hatte mir so viel gefallen lassen, das würde ich nicht mehr mitmachen!

Flucht

»Wir gehen«, sagte ich zu Mama. Meine Lieblingsschwester kam nochmals, um zu sehen, wie es mir ging. Wir umarmten uns zum Abschied, und dann schloss sie die Hintertür für uns auf, damit wir ungesehen gehen konnten. Nach acht langen, schweren Monaten verließen wir die Klinik durch eine Hintertür. Ich schwor mir, diese Station nie wieder zu betreten.

So endeten acht lange Monate. Es gibt so viele, unzählige Erlebnisse, die ich dort hatte und die ich nicht alle erzählen kann. Im Nachhinein fallen mir immer mehr ein: der Zivi, der mir nachts vorlas, als ich 40° Fieber hatte. Oder der Arzt, den wir »Dr. Puhl« nannten, weil er so gerne an den Venen herumstocherte, als wären sie lose Spaghetti. Richtig brutal! Die unzähligen Punktionen, Tröpfe, Medikamente, Nebenwirkungen, Ängste, Schmerzen und Trauermomente. Nein, den Ärzten habe ich nicht mein Leben zu verdanken, sondern meiner Mutter und mir selbst!

Durch den Sumpf der Erinnerungen funkeln wenige Lichtschimmer, einzelne Momente, die mir Kraft gaben, weiter zu kämpfen. Ohne meine Mutter wäre ich verrückt geworden. Tatsächlich verrückt! Die Wärme, die sie mir ins Zimmer brachte, ihre Arme, die mich hielten, ihre Ohren, die meine Gedanken anhörten, und ihr Herz, das mich verstand. Wir lachten, ich weinte, und sie tröstete mich. Ich hatte zwar meinen Glauben auf mich selbst umgestellt, zog meine Kraft und mein Vertrauen aus mir selbst. Doch für jeden Vogel ist es gut zu wissen, dass es, auch wenn er gut allein über die Welt hinweg segeln kann, trotzdem einen Boden gibt, auf dem er landen kann. Denn ab und zu muss jeder Vogel landen.

Die andere Klinik

Nachdem sich die Anfangs-Euphorie des Freiseins etwas gelegt hatte, widmeten wir uns der Realität. Eine Klinik brauchte ich – keine Frage! Ich musste doch zur Langzeittherapie und Nachsorge! Durch eine Freundin erfuhren wir von einer Klinik, die angeblich anders sein sollte als die anderen. »Da dreht sich alles um den Patienten. Betreuer, Helfer, Psychologen, Ärzte, sogar der Professor selbst – alle kümmern sich nur um den Patienten.« Das kann ja wohl nicht wahr sein! Das war, als erzähle man einem Wüstenbewohner vom Meer. Eine solche Klinik überstieg meine Vorstellungskraft. Aber ich brauchte eine … Mama rief an und machte einen Termin aus. Am verabredeten Tag klopfte mir das Herz vor Aufregung. Erstens, weil ich eine Klinik und einen neuen Professor kennen lernen musste, und zweitens, weil ich noch nie in dieser Stadt gewesen war. Die Stadt gefiel mir schon mal, als ich in der Innenstadt die Filiale eines amerikanischen Pizzakonzerns entdeckte. Dort frühstückte ich zum dritten Mal, und dann machten wir uns auf den Weg in die Klinik.

Es war ein kleines Gebäude – viel kleiner als die andere Klinik. Es gab keine fünfzehn Stockwerke und auch nur wenig andere Gebäude auf dem Gelände. Keine Pforte mit Wachen, keine verschiedenen Abteilungen, kein riesiger Parkplatz. Uniklinik? Wir gingen auf die Station. Ein kleines Kind auf einem Dreirad kommt uns entgegen mit einem Affenzahn drauf. Verzweifelt schiebt die Mutter einen Ständer mit Flaschen hinterher und schreit immer nur: »Schatz! Pass auf deinen Schlauch auf! Schatz, langsamer!«

Ein intensiver Geruch machte auf sich aufmerksam. Was ist das? Ein Desinfektionsmittel? Medikamente? Oder einfach dieser typische Krankenhausgeruch? Nein! Es ist Kuchen! Butterkuchen oder Marmorkuchen – wer weiß? Backt da jemand Kuchen? Auf dem Gang vor der Station rieche ich noch etwas anderes, komisch, aber irgendwie vertraut, urig. Es scheint aus einem Vorzimmer zu kommen. Woran erinnert mich das bloß? Ach, ich hab's! Pfeife! Da raucht jemand! Ich schnuppere weiter. Pfeife? Versteh ich nicht. Wer raucht denn hier? Wir setzen uns und warten. Inzwischen überlege ich mir, wie der Professor wohl aussehen wird. Wahrscheinlich so wie der andere, groß, dünn und grau. Und er wird total ernst sein, wird nur wissen wollen, was ich habe, und dann wieder gehen.

Ich schaue mir die Station an. Die Wände sind bunt bemalt und die Betten bunt bezogen. Fast alle Zimmertüren stehen offen, aber niemand liegt darin. Hinten im Spielraum sitzen sie alle. Zwei oder drei Damen in grünen Kitteln und sämtliche Mütter und Väter sind schwer am Schaffen. Stapelweise werden Spiele aus den Schränken geholt und genauso wieder verstaut, bis ihr Kind zufrieden ist. Ich bemerke, dass fast niemand einen Tropf in der Vene hat, sondern alle Schläuche führen unter das Hemd – also haben sie einen Port. Merkwürdig, es sitzt auch niemand mit der »Kotzschale« da, und ich kann kein Zimmer entdecken, wo vorne ein Schild mit der Aufschrift »Schleusenzimmer« hängt. Ich entdecke auch die Küche, die Quelle des Kuchengeruchs, und bekomme sofort etwas zu trinken angeboten. Wie – ich? Sie kennen mich doch gar nicht! Ich freue mich, nehme einen Saft und kehre zurück zu Mama, die auch schon mit Kaffee versorgt wurde. Und dann war es soweit. Wir wurden hineingerufen. Was versteckt sich hinter Tor 3?

Der andere Professor

Zuerst war ich leicht verwirrt. Abgesehen von dem weißen Kittel sah dieser Mann überhaupt nicht aus wie ein Professor! Blonde Haare und eine dicke Brille! Er trug eine Cordhose und einen einfachen Pulli. Und noch dazu stellte ich fest, dass der Pfeifengeruch aus seinem Zimmer kam. Er schüttelte uns die Hand, grinste über beide Ohren und setzte sich hinter seinen Schreibtisch. Und dann geschah das Unglaubliche: Er lehnte sich zurück, legte die Füße auf den Tisch, zog seine Pfeife aus der Tasche – fragte, ob er rauchen dürfe, und rauchte! Ich war total fasziniert. Will der mich hier auf den Arm nehmen?

Dann fing er an zu reden. Zweieinhalb Stunden redeten wir an einem Stück. Wahrscheinlich insgesamt länger, als ich in den ganzen acht Monaten mit meinem alten Professor geredet hatte. Er fragte mich und hörte mir zu. Er erklärte mir mehr von meiner Krankheit, als man mir je zuvor gesagt hatte. Er malte, fuchtelte mit den Händen und erläuterte. Und ich war total begeistert! Ein Professor, der sich zweieinhalb Stunden Zeit nimmt, nur um mit mir zu reden! Das kann doch gar nicht sein! Ich war noch ziemlich misstrauisch. Ob er immer so ist? Jedenfalls verordnete er gleich mehrere Untersuchungen, die in der alten Klinik nie gemacht worden waren. Zum Beispiel eine Herzschalluntersuchung, da die Therapie das Herz ziemlich angreifen kann.

Mein Misstrauen hielt nicht lange an. Mit jedem Mal, dass ich zur Langzeittherapie musste oder zum Blutbild, wuchs auch mein Vertrauen. Und auch jetzt, nach über zwei Jahren, wurde ich noch nie enttäuscht. Man hatte immer Zeit für mich, und mein Professor nimmt mich sogar in den Arm und drückt mich. Ich bewundere ihn und alle die anderen, die ihre Station zu dem machen, was sie ist. Sie alle haben das Unglaubliche geschafft: Nach so vielen schlechten Erfahrungen haben sie mir mein Vertrauen in die Ärzte wiedergegeben. Es gibt sie doch noch, die mitfühlenden Ärzte. Ich fühle mich dort sehr wohl und fahre auch heute gerne öfter hin als notwendig, denn eigentlich müsste ich nur alle zwei Monate zur Kontrolle kommen.

Die Langzeittherapie war ganz okay – auch die Übelkeit bekam ich mit meinem geliebten Zofran in den Griff. Die Spritzen bekam ich in die Bauchdecke. Deshalb sorgte ich dafür, dass ich immer eine Speckschicht dort hatte, damit es nicht so wehtat.

Ich blieb daheim auch bei meinem Kinderarzt und habe langsam wieder Vertrauen zu ihm aufgebaut. Heute ist er ein ebenso guter Ansprechpartner wie die Leute in der

Uniklinik. Es gab ja auch das Problem, dass ich am Anfang ziemlich häufig Blutbildkontrollen brauchte, und dafür konnten wir ja nicht immer in die Uniklinik fahren, und mein Kinderarzt machte keinen »Fingerpieks«. Tja, aber wie durch ein Wunder fand er eine noch funktionstüchtige Vene. Seit zweieinhalb Jahren wird sie nun angestochen – aber nur von ihm, und nur mit »Butterfly«, einer besonders dünnen Kanüle. Nur in den äußersten Notfällen lasse ich jemand anderen an meine Venen. In der Beziehung übertrifft er sogar die Leute an der Uniklinik! Nun, um eine lange Geschichte kurz zu machen, möchte ich nur noch mal betonen, wie dankbar ich bin, diese Ärzte zu haben. Für mich sind gute Ärzte fast das Schönste, das es auf dieser Erde geben kann. Sie sind wie ein Geschenk, das das Leben ein kleines bisschen einfacher macht.

Zurück zur Normalität

Ich bin natürlich gleich wieder in die Schule gegangen, schon in den Zeiten, als ich noch Spritzen bekommen habe. Ich schrieb Arbeiten, Tests und wurde abgefragt – und aufgrund meiner Leistungen auch versetzt. Das Lernen fand ich toll, aber es war schwierig, so viele Menschen um mich zu haben, nachdem ich so lang allein gelegen hatte. Und ich fühlte mich ausgeschlossen, anders. Eine Klassenkameradin zum Beispiel feierte in der Zeit ihren Geburtstag. Alle aus der Klasse wurden eingeladen – nur ich nicht. Ich war total schockiert und verletzt. Meine Freundin fragte nach, warum sie mich denn weggelassen hatte. Ihre Begründung lautete, sie plane eine Schnitzeljagd, und da ich eh zu schwach sei, um da mitzuhalten, habe sie mich nicht eingeladen.

Für mich war das damals wie ein Schlag ins Gesicht. Nicht nur, dass ich mit der Krankheit gestraft war, jetzt bestrafte mich die Gesellschaft dafür. Ich war ungeheuer wütend damals. Heute verstehe ich es schon eher. Woher sollen die anderen wissen, was ich fühle? Vielleicht wollte sie mich vor der Blamage schützen, dass ich nicht mitmachen konnte. Ich weiß es nicht genau. Aber ich würde empfehlen, so eine Situation anders zu behandeln. Sie hätte mir zum Beispiel sagen können, wann die Schnitzeljagd zu Ende ist, dann wäre ich nachgekommen. Oder vielleicht hätte sie gar ganz darauf verzichten können? Es war im Grunde genommen nur eine Kleinigkeit, aber ich werde es nie vergessen. Ich war tatsächlich anders. Eigentlich weiß ich selbst nicht, wie ich behandelt werden wollte. Mit Vorsicht? Wie alle anderen? Leider gab es kein Mittelmaß, und ich bekam immer nur die zwei Extreme zu spüren.

Die Glatze

Die Tatsache, dass ich keine Haare hatte, rückte für mich immer mehr in den Mittelpunkt. Mein kahler Schädel war daran schuld, dass die Leute mich anstarrten, mir nachschauten und mit Fingern auf mich zeigten. Man nannte mich »Nazi« oder »Aidskranke« und lachte über meine abstehenden Ohren. Wie Menschen so grausam sein können, ist mir unerklärlich. Manche Menschen können sich aber auch ändern, zum Beispiel ein Klassenkamerad. Anfangs lachte er über mich und ließ keine Gelegenheit aus, auf dieses oder jenes witzige Merkmal an mir aufmerksam zu machen. Dabei war ich damals total verknallt in ihn! Heute verstehen wir uns mehr oder weniger gut. Er hat eine Kehrtwende von 180 Grad gemacht; und er ist sicher nicht der einzige.

Es ist wirklich zu schade, dass Kahlheit so verpönt ist –

sonst würde ich freiwillig eine Glatze tragen. Es ist ein absolut tolles Gefühl! Abends lag ich im Bett, fuhr mit der Hand über die glatte Haut, klatschte darauf und massierte sie mit einer Babybürste von meiner Schwester. Vor allem war sie praktisch: nur waschen und polieren! Aber damals wollte ich nichts lieber als Haare. Mit den Fingern durchfahren, kämmen, stylen – einfach alles, was dazugehört! Ich wollte mir einen Pferdeschwanz wachsen lassen und flechten können, sie tönen, mit Lockenwicklern aufdrehen und besprühen. Ach, was sehnte ich mich danach! Heute habe ich wieder lange Haare – und sie schon bald wieder satt. Irgendwann fasse ich den Mut und schneide sie wieder ab.

Am meisten störte es, dass man mich immer für einen Jungen hielt. Einmal, als wir auf dem Rückweg von der Klinik an einer Autobahnraststätte anhielten, musste ich dringend auf die Toilette. Zwischen den zwei Räumen saß eine Putzfrau und sammelte Geld. Als ich zur Damentoilette wollte, schrie sie durch die ganze Raststätte, die sei für Frauen. Herrentoilette ist auf der linken Seite. Alles drehte sich um und starrte mich an. So was Peinliches war mir noch nie passiert! Ganz leise erklärte ich ihr, dass ich ein Mädchen sei. Sie entschuldigte sich, und es war nicht zu übersehen, dass es auch ihr peinlich war. Es dauerte lange, bis ich das Selbstbewusstsein, das ich heute habe, entwickelte. Damals ließ ich mich von dieser unbekannten Person verunsichern. Heute hätte ich anders reagiert – ganz anders.

Bekannte und Freunde

Die vielen Spendenaktionen, die gelaufen waren, hatten uns sehr geholfen. Aber im Nachhinein bereute ich sie. Alle kannten mich in der Stadt und in der Schule. Ich hatte immer das Gefühl, beobachtet zu werden. Als würden sie alle nur schauen, was ich mache, was ich anziehe, was ich für ihr Geld gekauft hatte. Ich hatte das Gefühl, ihnen etwas schuldig zu sein, und wusste nicht, wie ich es zurückzahlen sollte. Am meisten tat es weh zu merken, wie viele nur aus Sensationslust gehandelt hatten. Nach der Intensivtherapie hätte ich genau so viel Hilfe gebraucht, vielleicht sogar noch mehr. Während der Therapie war die Mama immer bei mir. Nun war ich allein in einer Gesellschaft voller Verrückter. Ein Mädchen zum Beispiel ließ sich kurz nach der Entlassung nicht mehr bei mir blicken. Dabei war sie eine Zeitlang tagtäglich bei uns gewesen. Vielleicht hat sie es nur getan, um im Mittelpunkt zu stehen, denn sie ging zur gleichen Schule wie ich. Wenn die Lehrer sie fragten, wie es mir gehe, konnte sie sich wichtig fühlen. Als ich nicht mehr »aktuell« war, brauchte sie mich nicht mehr. Ich war ja nun keine Sensation mehr. Natürlich gab es auch viele, die es ernst meinten – keine Frage! Das sind diejenigen, die sogar heute, nach drei Jahren, immer noch fragen, wie es mir geht. Und sich auch für meine Antwort interessieren. Vanessa, die mich mit den Schulaufgaben versorgte und sich für mich einsetzte, wenn ich gefehlt habe. Oder meine Sportlehrerin, die auf mich Rücksicht nimmt und stets nachfragt, wie es mit mir steht. Mein Mathelehrer, einer der wenigen, die mir Nachhilfe anboten, wenn ich sehr lange gefehlt hatte und eine Klassenarbeit anstand. Aber es gab leider auch Lehrer, die mir das Schulleben schwer machten.

Aber ich will niemanden anklagen oder tadeln – auch wenn ich es allzu gerne tun würde. Viele Leute wissen einfach nicht, wie man mit so einer Situation umgehen soll, und ich kann das auch niemandem übel nehmen. Woher sollten sie es auch wissen? Sicher ist es sogar zu egoistisch, von mir zu verlangen, dass man sich so verhält, wie ich es will. Aber ein gewisses Maß an Sensibilität sollte schon vorhanden sein. Mehr braucht man nicht; das andere kommt von selbst.

Sissy und ich, wir haben uns einfach auseinandergelebt. Sissy hatte mir jeden Tag in die Klinik geschrieben, aber jetzt sind unsere Interessen einfach zu verschieden geworden. Doch auch wenn wir heute nicht mehr befreundet sind, hoffe ich, dass sie und ihre Familie wissen, wie sehr sie mir durch ihre Unterstützung geholfen haben.

Die Haare wachsen wieder

Nach zwei Monaten fingen die Haare wieder an zu wachsen. Kleine, fast unsichtbare Stoppeln, die von Tag zu Tag länger wurden. Werden es schwarze Locken? O bitte, lass es schwarze Locken werden! Wurden es nicht. Sehr schade. Als sie ca. einen Zentimeter lang waren, legte ich meinen Hut ab und ging zum ersten Mal ins Schwimmbad. Die Überwindung war damals ungeheuer groß. Wie gesagt, das Selbstbewusstsein kam erst mit der Zeit – aber einmal geschafft, immer geschafft! Obwohl ich eigentlich gar nicht ins Schwimmbad gehen durfte …! Denn das Wasser in Schwimmbädern ist dafür bekannt, dass darin unerwünschte »Lebensformen« – sprich: Bakterien – geradezu gezüchtet werden. Das war nicht unbedingt das Ideale für mein Immunsystem. Anscheinend aber doch, denn dieser Ausflug bekam mir sehr gut. Es war genauso wie damals während der Intensivtherapie; als ich gegen strikte Anordnungen verstieß, indem ich in den Pferdestall ging. Was ich unbedingt will, mache ich auch! Ich habe bis heute noch keinen Schaden davongetragen.

Ein zweites Argument gegen das Schwimmbad war, dass ich leidenschaftliche Sonnenanbeterin bin – am liebsten zur Mittagszeit, wenn es richtig heiß ist. Da blieben die Ratschläge von Mama und Arzt, im Schatten zu bleiben, ziemlich unbeachtet. Ja, das war schon leichtsinnig. Aber mach das mal einer Vierzehnjährigen klar, die seit gut acht

Monaten keine vernünftigen Sonnenstrahlen abbekommen hat! Ich wollte nur eins: in der Sonne backen, bis ich schwarz werde.

Dazu kam es aber nicht mehr, denn es gab einen kleinen Zwischenfall: Ich wurde müde. Klingt blöd, nicht wahr? Aber es war tatsächlich so. Ich wurde ganz einfach müde. Ich schlief morgens, mittags, abends und nachts sowieso. Es gab keine fünf Minuten am Tag, an denen ich zu irgendetwas anderem als schlafen fähig war. Ich konnte nicht mal essen oder trinken, geschweige denn sprechen oder lesen. Ich war vor Müdigkeit gelähmt. Es gab nichts, was ich wollte, außer schlafen. Die einzige Freude, die man mir machen konnte, war ein dunkles, kühles Zimmer mit Bett. Dazu kam dann ein Infekt. Meine Ohren schmerzten, meine Nase war zu, ich hustete und bekam Herpes an der Lippe. Eigentlich ganz »normale« Symptome für eine Grippe oder ähnliches. Aber da liegt das Problem: Für jemanden, der an Krebs erkrankt ist oder war, bedeuten diese Symptome eine Heidenangst! Und so kurz nach der Therapie sowieso. Nach einer Weile beschloss mein Professor, dass ich doch mal vorbeikommen sollte – auch weil ich nichts aß oder trank.

Ich verbrachte zum ersten Mal eine Nacht auf Station in dieser Klinik – was bis jetzt auch das einzige Mal geblieben ist! Ich kann mich kaum noch daran erinnern, denn ich schlief die ganze Zeit. Ich weiß nur noch, dass ich eine Flasche Wasser bekam, die ich bis zum Morgen trinken musste, sonst würden sie mir künstlich Flüssigkeit zufügen. Am nächsten Tag durfte ich wieder gehen. Ich schlief noch eine weitere Woche, legte zwischendurch Pausen zum Trinken ein und schlief weiter. Tja, und dann wachte ich langsam wieder auf. Genau so schleichend, wie ich eingeschlafen war. Meine Mama atmete wieder auf, und ich überlegte mir, was als nächstes kommen würde.

Die »Schlafkrankheit«, die ich hatte, war ein so genannter »Strahlenkater«. Das heißt, es kam von der Schädelbestrahlung. Was da genau passiert, weiß ich nicht. Ich war nur froh, wieder wach zu sein.

Nachsorgekur

Die Zeit verging voll neuer Erfahrungen – guter wie auch schlechter. Und dann kündigte Mama die Kur an. Gemeint ist eine so genannte »Nachsorgekur« für Krebserkrankte. Dort können sich Patienten, Geschwister und Eltern von den Strapazen der Therapie erholen. Aber ich wollte nicht hin! Ich wollte alles, was mit Krankheit zu tun hat, total vergessen und einfach ein normales Leben führen. Vier Wochen Kur bedeutete auch wieder vier Wochen Fehlen in der Schule – nein danke! Ich wehrte mich vehement dagegen, weinte, jammerte und machte meiner Mutter das Leben unheimlich schwer. Aber sie ließ nicht locker. Sie veranlasste sogar, dass der Psychologe aus der Uni – der erste nette Psycho, den ich kennengelernt habe – mich anrief und versuchte, mir die Sache schmackhaft zu machen. Er bewirkte allerdings nur das Gegenteil. Es nützte alles nichts! Ich wurde vor vollendete Tatsachen gestellt: Wir fuhren. Was war ich wütend!

Unser Ziel lag im Schwarzwald, und das im tiefsten Winter. Wir waren alle drei ziemlich unerfahren, was solche Reisen anging. Niemand kann sich vorstellen, wie viel Gepäck wir dabei hatten! Es dauerte erst einmal eine gute Stunde, bis wir die Taschen und den Proviant in unserem kleinen Panda verstaut hatten, sodass wir missgelaunter denn je losfuhren. Meine Schwester musste sich hinten auf dem Sitz zwischen tausend Sachen quetschen, und ich saß auf dem Vordersitz mit dem Kopf fast zwischen den Knien. Am bequemsten saß die Mama, die sich aber andauernd beschwerte, weil sie aus dem hinteren Fenster nichts sehen könne. Es dauerte die ersten 200 Kilometer, bis wir uns beruhigt hatten! Ich *wollte* gerne schlecht gelaunt bleiben, um den anderen die Freude auch zu verderben, aber sogar ich musste dann zugeben, dass es – zumindest ein wenig – aufregend war.

Über die Kur zu schreiben bereitet mir Schwierigkeiten. Viele unschuldige Blätter Papier haben schon ihren Weg in den Papierkorb gefunden, weil ich nicht weiß, wo ich anfangen soll. Vielleicht ist es am besten, wenn ich von hinten anfange: Vor vier Monaten ist ein Freund von mir gestorben; jemand, der mir sehr viel bedeutet hat und den ich in der Kur kennengelernt hatte. Viele Menschen, die wussten, dass ich an diesem Buch schreibe, fragten mich als erstes: »Wann ist es denn fertig?« Ich wusste nie, was ich antworten sollte, denn das Buch handelt von meinem Leben mit meiner Krankheit, und das wird wohl nie zu Ende gehen. Auch jetzt, während des Schreibens, sind viele Ereignisse dazugekommen, Dinge, die mich prägen, die mich immer wieder an die »alte« Zeit erinnern. Zum Beispiel der Tod von Nils.

Die Kur war etwas Besonderes. Wir waren die ersten Gäste, denn das Haus war neu gekauft und eingerichtet worden. Alles war ganz neu und wartete nur darauf, benutzt zu werden. Ich hatte mein eigenes Zimmer; im Zimmer nebenan schliefen meine Mutter und meine Schwester. Jedes Zimmer im Haus hatte ein eigenes Telefon, und es dauerte nicht lange, bis wir entdeckten, dass man damit durch das ganze Haus telefonieren konnte!

Am ersten Abend, nachdem sich alle eingerichtet hatten, versammelten sich die Kinder und Jugendlichen im Gruppenraum. Man musste sich wirklich Mühe geben, um zu erkennen, wer krank und wer ein Geschwister war. Unter den älteren befanden sich Nils – er war sechzehn – und seine Schwester Anika – zwölf Jahre alt. Wir verstanden uns auf Anhieb. Sie kamen aus dem »hohen Norden«, und ich mochte es, wie sie sprachen. Irgendwie richtig lustig!

Das Faszinierendste an der ganzen Sache war, dass ich hier von Menschen umgeben war, die mehr oder weniger das Gleiche durchgemacht hatten wie ich. Ich war nicht mehr allein, und zum ersten Mal sah ich andere Patienten, denen es gut ging. Gleich am ersten Abend blieben Nils und ich bis null Uhr auf und redeten. Über alles! Therapie, Ängste, Freunde, Krankheit ... Hier waren zwei Menschen, die sich gerade mal sechs Stunden kannten und sich trotzdem so offenbarten. Ich fühlte mich so wohl wie lange nicht mehr. Ich konnte reden und reden, über Schmerz, über Erfahrungen, und mein Zuhörer verstand, was ich meinte.

Vier Wochen lang war die Kur, vier Wochen in einer anderen Welt. Tagsüber machten wir Ausflüge, bastelten oder gingen spazieren – und niemand schaute komisch, wenn ich langsamer gehen musste. Niemand fragte mich, ob ich ein Junge oder Mädchen sei, und niemand rümpfte die Nase, wenn ich zur Blutabnahme musste – im Gegenteil, man fragte mich, wie meine Werte sind. Vier Wochen lang tauchte ich in eine andere Welt ab. Wir verstanden uns alle super: die Großen mit den Kleinen und umgekehrt. So viel gelacht wie in den vier Wochen hatte ich schon lange nicht mehr.

Noch während der Kur, am 28. Januar, feierte ich meinen ersten – neuen – Geburtstag, das heißt ein Jahr in Remission: krebsfrei. Diesen Tag feierte ich mit Anika und Nils. Wir gingen abends Pizza essen und blödelten bis spät in die Nacht. Dieses Datum ist für mich sehr wichtig – noch wichtiger als mein richtiger Geburtstag. Ich bin so froh, dass ich ihn mit diesen zwei Freunden verbringen durfte.

Die Abreise kam unverhofft schnell. Die Zeit war vorbeigeeilt, als würde sie zu einem wichtigen Termin zu spät kommen! Ich konnte förmlich sehen, wie sie vorbeiflog! Und der Abschied war trauriger und schmerzhafter, als ich es je erwartet hatte. Anika und ich waren wie zwei

Schwestern – wir sahen uns sogar ähnlich! Wie zwei »Idioten« hatten wir den ganzen Tag Spaß gemacht – uns gegenseitig gekitzelt und dumme Witze erzählt, über die nur wir lachen konnten. Eben richtig albern. Andererseits hatte ich mich Hals über Kopf in Nils verliebt. Ich ließ es mir aber nie anmerken und habe es auch nie irgendjemandem erzählt. Ich hatte Angst, dass ich damit unsere Freundschaft zerstören würde. Er hat mich auch nie als »Mädchen« anerkannt, was aber ganz gut war so. Lieber hatte ich einen guten Freund, mit dem ich reden konnte. Heute denke ich mir, dass ich es ihm vielleicht hätte sagen sollen. Wer weiß?

Wir weinten alle beim Abschied, die Eltern wie die Kinder. Warum mussten Anika und Nils bloß so weit weg wohnen? Ich war untröstlich und weinte tagelang. Daheim spukten mir ständig Bilder von der Kur durch den Kopf – und schon flossen alle Brünnlein wieder.

Die Entscheidung

Nur schleppend zog ich mich durch die ersten Schultage, doch bald war ich wieder voll im Stress, aber nicht nur mit der Schule. Ich hatte bemerkt, dass die Spritzen, die ich monatlich bekam, mir immer unangenehmer wurden. Schon Tage vorher bekam ich Angst davor, und mir wurde schlecht beim Gedanken daran. Die abendlichen Tabletten blieben mir immer öfter im Hals stecken – buchstäblich! Ich fing an zu überlegen: Wieso? Ich, die mit Tabletten nie Probleme hatte und bestimmt nicht zimperlich war, konnte einfach nicht. Es war, als ob mein Körper sich gegen die Medikamente sträube. Die Antwort auf mein Problem war nicht schwer zu finden.

Ich war und bin davon überzeugt, dass ich gesund bin.

Warum nehme ich also noch diese Medikamente? Einen Rückfall kann ich mit oder ohne Medikamente bekommen, kein Arzt kann mir Genaues sagen, also höre ich auf mich selbst. Ich hatte genug Gift genommen. Und damit brach ich die Langzeittherapie ab, neun Monate früher als geplant, am 24. Februar 1993. Mama nahm es relativ gelassen auf, obwohl ich wusste, dass sie Blut und Wasser schwitzte. Therapie abbrechen? Und was ist, wenn ich deswegen einen Rückfall bekomme? Meine Verwandten und Freunde versuchten mir diesen »Blödsinn« auszureden. Doch mein Entschluss stand fest, und Mama hielt zu mir. Sie wusste, dass ich – so gut wie nie – aus einem bloßen Affekt handelte, und somit auch, dass es für mich wichtig und ernst war.

»Sie ist doch erst vierzehn – bloß ein Kind! Sie kann doch nicht über so etwas entscheiden!« Das war die Reaktion darauf. Ich, die ich Medikamente nehmen musste, sollte angeblich nicht im Stande sein, über meinen Körper und mein Befinden entscheiden zu dürfen! Eine schwierige Angelegenheit. Mein Kinderarzt akzeptierte es mit den Worten: »Ich vertraue dir, du weißt schon, was du tust.« Und mein Professor meinte nach langem Diskutieren ebenfalls, dass es letztendlich keine allzu große Rolle spielen würde, wie lange ich die Therapie mache. So viele Statistiken gibt es nicht darüber. Ich habe keine Garantie – so oder so. Aber ich glaube an mich selbst.

Nils war völlig entrüstet. Er rief mich gleich am selben Tag an, als er meinen Brief bekam. Über die Therapie hatten wir beide verschiedene Meinungen. Er war der Ansicht, dass man alles nehmen solle, was man bekommen kann. Ich nicht. Vielleicht habe ich ihn damals in einen Gewissenskonflikt gestürzt, denn er nahm ja auch Dauertherapie. Vielleicht zweifelte er an seiner Therapie«. Oder hatte er einfach Angst um mich? Wir sprachen sehr lange darüber, aber er schien meinen Entschluss überhaupt nicht zu akzeptieren. Musste er ja auch nicht. Nun gingen wir zwei verschiedene Wege. Er nahm seine Therapie weiter, und ich lebte mein Leben zum ersten Mal seit fünfzehn Monaten ohne Medikamente. Wahnsinn! Super! Keine Tabletten! Keine Spritzen! Kein Krankenhaus!

Nils Tod

Monate später bekam Nils einen Rückfall. Ich weiß nicht, wie er damals über mich gedacht hat. Vielleicht hasste er mich? Ich verstand die Welt nicht mehr, er wahrscheinlich auch nicht. Vielleicht hasste er mich, weil ich mit der Therapie aufgehört hatte und es mir trotzdem gut ging, und er weitergemacht hatte und einen Rückfall bekam. Wieso? Wer entscheidet darüber, ob man gesund bleibt oder nicht? Welche Faktoren? Warum sterben meine Mitpatienten, und ich lebe weiter? *Warum ausgerechnet Nils?* Für mich war die Nachricht von seinem Rückfall gleich dem Tod. Eigentlich eine verkehrte Einstellung, denn es gibt genügend Patienten, die das Gegenteil beweisen, tagtäglich, in dem sie gesund weiterleben. Aber darüber erfährt man zu wenig. Ich habe nicht mehr mit ihm gesprochen, weder über meine Angst noch über seine Angst, auch nicht über die unverständliche Krankheit. Ich weiß nicht, warum. Wir lebten uns einfach auseinander; wir waren tatsächlich zwei verschiedene Wege gegangen, und jetzt musste jeder sich alleine durchkämpfen. Der Kontakt brach ab.

Wenige Monate später bekam ich dann seine Todesanzeige. Obwohl ich noch immer mit Anika telefoniert hatte und auch stets nach Nils gefragt hatte, schaffte sie es, mir Nils zweiten Rückfall zu verheimlichen. Sie wollte mich nicht damit belasten. Im Grunde hatte sie Recht, doch um so überraschender und schmerzhafter kam die Nachricht von seinem Tod für mich. Ein einfacher Umschlag mit schwarzer Schrift. War *das* Nils? War das alles, was von meinem Mitkämpfer übrig blieb? Der Tod tut weh, und meine Selbstvorwürfe ebenso. Warum habe ich damals nicht mit ihm gesprochen? Wie konnte ich den Kontakt zu ihm abbrechen lassen? Sein Tod weckte unzählige Erinnerungen, Gefühle, Momente. Innerlich schmerzte er mich. Wir fuhren zu seiner Beerdigung.

Ich wusste nicht, was ich sagen sollte. Ich hatte versagt. Ich stand seiner Familie gegenüber und konnte nicht einmal ansatzweise den Schmerz nachempfinden, den sie verspürte. Ich konnte nichts sagen, keine tröstenden Worte, keine Mitleidsbekundungen. Ich saß in der Kirche. Sie war voll von Jugendlichen, Freunden. War ich eine Freundin? Ich wusste es nicht.

Sein Grab war bunt geschmückt mit Blumenkränzen, Sträußen und zwei hölzernen Skulls von seinem Ruderverein. Ich stand davor, warf mein Sträußchen in das schwarze Loch, und mein einziger Gedanke war: »Bitte versteh mich.« Ich wollte, dass er in meine Gedanken eindringt und mir zuhört. Vielleicht tat er das auch.

Die nächsten Tage und Nächte waren anstrengend. Ich ging wieder in die Schule – immer schön lächeln –, dachte aber eigentlich nur noch über alles nach. Über die Kur, die Male, die ich Nils gesehen hatte, die unzähligen Telefonate, als es ihm schlecht ging und ich nichts davon wusste.

Ich glaube, ich habe seinen Tod noch nicht begriffen.

Schluss

Ich bin jetzt drei Jahre in Remission, komme meinem Ziel immer näher. Der Alltag nimmt zwar immer mehr überhand; aber die Alpträume bleiben. Die Angst bleibt. Die Trauer bleibt.

Gleichzeitig bleibt das Leben. Die Liebe bleibt und meine Freiheit. Ich lebe! Und ich glaube – ja bin fast sicher, dass ich glücklich bin. Ich bin glücklich! Wie viele Menschen können das von sich behaupten?

Es fängt bei jedem anders an,
bei manchen plötzlich,
bei anderen ziemlich langsam.
Der eine kriegt Kopfschmerzen
oder ein Geschwulst zum Erschrecken,
der andere hat bloß ein paar blaue Flecken.
Blass und müde sind die meisten,
doch wer kann sich schon »krank sein« leisten?
Es gibt Arbeiten zu schreiben
und tolle Sachen zu erfinden –
das lässt man doch nicht durch
Kranksein verhindern!

Aber lange hält das Glück nicht an;
man kippt um, erbricht, blutet – und dann?!
Tja, dann kommt man ins Krankenhaus,
wo Untersuchungen gemacht werden in Saus und Braus.
Alles tut weh,
und man wünscht sich ganz weit weg –
am besten auf eine Insel,
ganz allein und versteckt.

Man darf aber nicht einfach weglaufen.
Es ist wirklich zum Haareausraufen,

solange *das* noch geht,
denn bald sieht der Kopf aus wie gemäht!
Das kommt von den Medikamenten,
die man durch die Vene kriegt –
über Monate hinweg, während man da liegt.
Man fühlt sich schlecht und manchmal allein.
Doch, um die Krankheit zu besiegen,
muss das sein!

Wenn die Therapie zu Ende ist,
geht es nicht jedem gut,
manche sind gestorben,
andere verlieren den Mut.
Doch die, die es schaffen,
ihnen hat man was Besonderes gegeben.
Die Schmerzen haben sich gelohnt.
Man hat ein neues Leben.

Ich gehe wieder zur Schule
und darf wieder reiten!
Ich muss mein Zimmer aufräumen
und kann mit meiner Schwester streiten.
Ich kann essen, was ich will –
nicht nur Klinikfraß!
Und nach so langer Zeit
macht sogar Geschirrspülen wieder Spaß!
Es dauert nicht mehr lang,
da sind Treppen kein Problem mehr.
Man fühlt sich gut,
die Beine sind nicht mehr so schwer.

Und dann eines Tages,
da bin ich nicht mehr kahl!
Ab diesem Tag nenn' ich mich »normal«.
Vergessen kann man es nie –
höchstens verdrängen,

bis sich die Ängste im Kopf
wie Spinnenweben hängen.
Bin ich gesund?
Oder kommt die Krankheit wieder?
Das kann mir niemand sagen –
auch nicht durch solche Lieder.

Wir haben alle verschieden angefangen,
doch unsere Ziele sind gleich:
Wir wollen den Krebs besiegen
um fast jeden Preis!
Und mit der Angst muss man leben.
Warum soll ich mich aufregend.
Dafür habe ich zu viel zu tun:

Ich will mein Leben leben!

Nachwort

von Professor Dr. Udo Bode

Als Leiter einer Fachabteilung zur Behandlung von Blut- und Krebserkrankung im jugendlichen Alter wurde ich vom Kreuz Verlag gebeten, zu diesem beeindruckenden Buch ein Nachwort zu schreiben. Obwohl ich nicht der behandelnde Arzt der Autorin war, erscheinen zum Verständnis der Erkrankung, der Behandlung und des subjektiven Erlebens der Patientin einige grundsätzliche Informationen aus meiner Sicht wünschenswert.

Unter den Krebserkrankungen sind nur in weniger als 1 % Kinder und Jugendliche betroffen. In dieser Altersgruppe sind nicht – wie im höheren Alter – Karzinome vorherrschend, sondern die Hälfte Leukämien und Lymphgewebstumoren, $^1/_5$ Hirntumoren und der Rest solide

Seit ich studiere, weiß ich, dass das nicht stimmt.

Die Demoralisierung beginnt im Studium. Die Ideale werden schon hier zerstört, das Patientenbild verzerrt. Es gibt nur wenige Dozenten, die versuchen, dem entgegenzuwirken, und erschrocken stelle ich fest, dass sehr viele Studenten schon längst nicht mehr offen sind dafür. In meinen Kommilitonen erkenne ich bereits die Ärzte, die mich gequält haben. Die Ärzte, die Patienten als »Leber« bezeichnen und über sie fluchen, weil der Zugang schon wieder dicht ist und eine neue Nadel gelegt werden muss. Patienten jammern, denken nicht mit, wollen immer viel zu viel und sind eigentlich nur lästig – das wird uns beigebracht, und danach richten sich viele.

Wir lernen im Studium sehr viel, ohne Wissen ist es auch nicht möglich, gute Medizin zu machen. Wir lernen Krankheiten zu erkennen, sie zu benennen und zu behandeln. Aber wir lernen nicht, was sie für den Patienten bedeuten.

Uns Studenten wird eine Skalierung der Erkrankungen beigebracht, die wir auf den Patienten übertragen. Die eine Krankheit ist schlimm (hier darf der Patient zumindest vorübergehend traurig sein), die andere nicht (hier muss der Patient sich zusammenreißen). Die eine Untersuchung tut weh (hier darf der Patient kurz seine Schmerzen äußern), die andere nicht (wer hier weint, ist hysterisch).

Als wir das Fach »Hämatologie/Onkologie« (Blut- bzw. Krebserkrankungen) hatten, lernten wir, dass Knochenmarks- und Lumbalpunktionen nicht wehtun. Der Dozent gab die dicke Stanznadel für die KMP herum und erklärte dazu, wie man die Punktion macht – alles ganz locker, Routineuntersuchung, kein Problem für die Patienten. Die Jungs vor mir in der Reihe bestaunten das Rohr, das sich angeblich fast schmerzlos durch den Knochen bohrt, fanden es »total cool« und »echt irre, wie das geht« und wollten am liebsten sofort loslegen. Mir schnürte es die Kehle zu – weniger das Rohr, sondern mehr die Vorstellung, wie ihre zukünftigen Punktionen wohl aussehen würden.

Nicht nur, dass hier der Schmerz verleugnet wurde, es wurde kein Wort darüber verloren, was diese Untersuchung überhaupt für den Patienten bedeutet. Sie bedeutet nämlich Angst. Sie bedeutet die Bestätigung, dass er/sie Krebs hat. Oder auch nicht. Sie bedeutet Chemotherapie, Bestrahlung, Operation, Tod – oder auch nicht.

Im Unterricht lernten wir auch »schlimme« und »nicht schlimme« Krebsarten. ALL (Akute Lymphatische Leukämie, die häufigste Leukämieart bei Kindern) z. B. ist nicht so schlimm. Immerhin fast 80% überleben die nächsten fünf Jahre!

Das wird den vielen Eltern verstorbener Kinder sicher ein Trost sein. Und auch denjenigen, die sich gerade schreiend im Bett winden vor Schmerzen oder Angst.

Aber darüber spricht niemand mit uns. Es geht um Zahlen, Daten, Fakten. Es geht um Abläufe und darum, wie alles sein müsste. Und nicht, wie es manchmal ist.

Der einzelne Mensch verschwindet in eine namenlose, gesichtslose Masse, die sich nach unseren Regeln zu benehmen und zu fühlen hat.

Alles andere ist ja auch anstrengend.

Ja, es ist auch anstrengend! Es kostet Zeit und Kraft, sich auf Menschen einzulassen – in jedem Beruf. Ich möchte auch Patienten auf keinen Fall idealisieren! Es gibt Patienten, die unglaublich anstrengend sind, mit denen man nicht zurechtkommt. Aber das ist doch normal, man kann sich überhaupt nicht mit allen Menschen verstehen. Ich glaube, es ist wichtig, sich das einzugestehen. Und der nächste Schritt ist es, sich Unterstützung zu holen – und sich holen zu können, ohne dass das als Versagen gewertet wird, weder von Kollegen noch von Patienten.

Seit ich studiere und auf der anderen Seite des Geschehens stehe, verstehe ich viel mehr, was mit mir damals im Krankenhaus passiert ist. Nicht nur medizinisch, sondern auch das Verhalten der Ärzte und Schwestern wird begreifbarer – nicht entschuldbar. Ich spüre in mir das große Bedürfnis zu verstehen, warum niemand kam, wenn ich klingelte. Warum ich am falschen Tag Medikamente bekam. Warum ich das Gefühl hatte, eine Last zu sein und ständig Dankbarkeit zeigen zu müssen. Und ich habe darüber hinaus das Bedürfnis bzw. die moralische Pflicht, Wege zu finden, wie ich meinen Patienten dieses Gefühl ersparen kann.

Während meines Praktikums auf einer Kinderkrebsstation erzählte der Stationsarzt eine Geschichte, die er mir mit auf den Weg geben wollte, als Warnung und Ratschlag zugleich. Die Geschichte handelte von ihm selbst. Als frisch gebackener Arzt, gerade mit dem Studium fertig, arbeitete er als Erstes in der Kinderonkologie, seinem Wunschfach. Nach zweiwöchiger Einarbeitungsphase wurde ihm der erste Wochenenddienst aufgetragen. Das bedeutet: die alleinige Verantwortung. Nicht nur für die Station, sondern für die ganze Klinik. Bei Unklarheiten (und das sollte bitte schön die absolute Ausnahme sein), darf man den Oberarzt anrufen, der meist zu Hause in Bereitschaft ist.

Es begab sich also, dass Dr. W (ich nenne ihn jetzt so) das Wochenende so verbrachte, wie es jedes Wochenende Ärzte in ganz Deutschland tun – er behandelte quer durch die Klinik, immer den Anrufen der einzelnen Stationen folgend.

Er wurde zu der Kinderkrebsstation gerufen, um eine Chemotherapie anzuhängen, denn das darf nur der Arzt. Gerichtet werden die Medikamente allerdings von den Schwestern, d.h. die Medikamente werden von Schwestern aus der Apotheke in Empfang genommen, die Beutel oder Flaschen werden an Schlauchsysteme angeschlossen, sodass die Chemo in die Vene tropfen kann, und dieses Set übergeben sie den Ärzten, damit es den Patienten verabreicht wird.

So geschah es auch hier. Die Stationsschwester hatte Dienst, und Dr. W verzichtete darauf, den Beutelinhalt mit dem Therapieplan in der Kurve zu vergleichen. Einerseits, weil die Stationsschwester seit über zwanzig Jahren dort arbeitete und das auch gerne den (vor allem neuen) Ärzten zu verstehen gab, und andererseits, weil der Piepser bereits einen neuen Einsatz auf einer anderen Station meldete.

Der Ausgang dieser Geschichte zeichnet sich bereits ab: Es war der falsche Beutel. Naja, eigentlich war es der falsche Patient, denn der Beutel war für jemand anderen bestimmt. Als der Irrtum bemerkt wurde, war es zu spät. Der Beutel war leer.

Glücklicherweise hatte die Verwechslung keine Schäden angerichtet, denn der Patient sollte ein sehr ähnliches Präparat erhalten, und eigentlich in größerer Menge. Aber der Schreck für Dr. W. saß tief. Die Stationsschwester nahm es etwas leichter – sie sagte, er allein trüge die Verantwortung für das, was er spritzt …

Ich lernte verschiedene Dinge aus dieser Geschichte.

Das Erste und Wichtigste war: So etwas ist nicht nur mir in meiner Klinik passiert. Es gibt noch andere Menschen da draußen, die sich ebenfalls wehren mussten – oder auch nicht. Diese Erkenntnis nahm mir das Gefühl, zur falschen Zeit am falschen Ort gewesen zu sein. Sprich: in einer ganz schlechten Klinik gewesen zu sein. Das hatte mich lange beschäftigt, und ich dachte, ich hätte nur das große Pech gehabt, zufällig im Einzugsgebiet dieser Klinik gewohnt zu haben. Und dass woanders alles besser gewesen wäre. Es ist ein schreckliches Gefühl zu denken, man wäre nicht optimal behandelt worden.

Mittlerweile erkenne ich, dass es überall solche Zwischenfälle gegeben haben könnte – nur vielleicht nicht ganz so viele. Fehler passieren in jeder Klinik. Das mag auf den ersten Blick etwas deprimierend klingen, aber für mich hat es etwas Beruhigendes. Es bedeutet nämlich, dass es kein »perfekt« gibt, und nimmt mir damit den Druck, dies als Patient zu erwarten. Ich brauche mir nicht vorzuwerfen, dass ich nicht früher die Klinik verlassen habe. Dass ich mir nicht früher eine bessere Behandlung gesucht habe. Meine Behandlung wäre nie »perfekt« gewesen! Nirgendwo! Viel wichtiger ist, dass ich mich als Patient stark mache, für mich selbst. Ich muss versuchen, das zu tun, was in meiner Macht liegt, um die Fehlerquote zu minimieren.

Das zweite Wichtige, was ich aus der Geschichte erkannt habe, ist, dass auch Ärzte Menschen sind, die Fehler machen können. Sie tun dies nicht absichtlich und leiden auch darunter, was ich ihnen früher nicht zugetraut hätte. Die Ärzte wirkten immer so unnahbar, so geschäftig. Dr. W. ist sogar heute noch von seinem Fehler erschüttert, erzählte er mir. Ob er das auch dem damaligen Patienten sagte?

Für mich als angehende Ärztin ist dies eine ebenso wichtige Frage wie die nach der Strategie zur Vermeidung von Fehlern. Die Vorstellung, später als Ärztin Patienten ungewollt schaden zu können, bereitet mir jetzt schon Bauchkrämpfe. Und ich muss alles daran setzen, dass das so selten wie nur möglich geschieht! Aber ich muss mir auch den Plan B überlegen – was, wenn etwas mal nicht klappt?

Mit dem Patienten reden. Zeigen, dass ich auch Mensch bin. Entschuldigen, dass ein Fehler passiert ist. Zuhören, wenn mir etwas gesagt wird. Ich kann dem Arzt verzeihen, dass er mir eine falsche Spritze geben wollte. Aber ich kann nicht verzeihen, dass er mir nicht zuhören wollte – und noch weniger, dass er seine Wut über seinen Fehler an mir ausgelassen hat.

Das Dritte, was ich aus Dr. Ws. Geschichte erkannte, war, dass die Verantwortung, die ein Arzt trägt, ganz allein auf seinen eigenen Schultern lastet. Das, was ich tue, hat eine Konsequenz. Und diese Konsequenz muss ich in jeder Situation tragen können. Unser Gesundheitssystem neigt dazu, gerade jungen Ärzten sehr viel Verantwortung zu übertragen. Es kostet ja auch weniger! Aber das sollte nicht zu Lasten der Patienten – und Ärzte! – erfolgen. Was heißt das für mich? – Wehren!

Ich bin nicht so naiv zu glauben, dass ich damit optimale Arbeitsbedingungen schaffen werde – im Gegenteil! Sich gegen bestehende Regeln und Gewohnheiten zu wehren, heißt Extraarbeit und Kraft. Die Zukunft wird mir erst zeigen, wie viel ich davon aufbringen kann. Sicher ist, dass ich nicht als gehetzte, ausgelaugte, schlechtgelaunte Stationsärztin enden will – und solange ich meine Erinnerungen beibehalte, wird mir das auch nicht passieren.

Deutsch sprechen

Wenn ich meine eigenen Zeilen von damals durchlese, wird mir noch einmal ganz deutlich klar, was falsch gelaufen ist. Und immer wiederkehrend erkenne ich das Problem der Kommunikation bzw. der nicht vorhandenen Kommunikation als Ursache vieler Konflikte und auch Ängste.

Als Arzt ist es einfach: Ich verstehe die Dinge, die ich von mir gebe. Ich weiß, wozu etwas gemacht wird, und habe einen Überblick über die groben Zusammenhänge.

Der Patient oft nicht. Und das ist auch sein gutes Recht! Genauso wie es mein Recht ist, mich nicht mit Heizungen, Autos oder Videogeräten auszukennen. Wenn ich in einen Elektrofachhandel gehe, um mir ein Gerät zu kaufen, bin ich auf die Beratung und Erklärung des Mitarbeiters angewiesen. Er muss mir sagen, wo ich das Gerät anschalte und die Zeit einstelle – für ihn bin ich sicher ein wenig stupide, weil er das ja alles kennt. Aber wenn er ein guter Verkäufer ist, dann erklärt er mir alles, was ich wissen muss, und gibt mir das Gefühl, dass er mir helfen will. Dann komme ich schließlich auch wieder!

Vereinfacht gesagt gilt das auch für Ärzte. Wir verbringen etwa sechs Jahre unseres Lebens damit, auswendig zu lernen. Und zwar alles. Medizinische Vokabeln treten über in die Alltagssprache, und die Arbeit, die man jeden Tag verrichtet, wird selbstverständlich. Auch bei mir.

Ich hatte völlig vergessen, wie irritiert ich war, als ich meine allererste Nacht im Städtischen Krankenhaus verbringen musste und einen Ständer mit einer Flasche Kochsalzlösung bekam. Wenn ich aber meine eigenen Zeilen lese, weiß ich es sofort wieder, und ich versuche mir klar zu machen, dass es vielen Patienten so geht. ICH weiß, warum ich eine Flasche anhänge, und ich weiß auch, warum in den Schläuchen manchmal Blut zurückläuft. Der Patient weiß es nicht. ICH weiß, wozu ein Ultraschall gemacht wird und was eine vergrößerte Leber und Milz bedeuten kann und warum Geschwister (manchmal) nicht mit auf die Station dürfen. Der Patient weiß es nicht. Aber er hat ein Recht darauf – wenn er es wissen will.

Schon zu Beginn meines Studiums begann ich, in einer Arztpraxis zu arbeiten. Einerseits, um mein BAföG aufzubessern, andererseits um schon einmal zu lernen, wie man mit Patienten umgeht (meinen ersten Patienten im Studium sah ich nach über 2 Jahren!). Die Arbeit machte Spaß, ich lernte sehr viel Fachliches und noch mehr Menschliches – z. B. dass manche Menschen nicht alles wissen wollen.

Ich hatte mir von Anfang an angewöhnt, ständig mit dem Patienten zu reden, alles zu erklären, was ich wann und wo mache. Meistens kam das sehr gut an – doch manchmal gab es Patienten, die mich in meinem Redeschwall unterbrachen.

»Das will ich alles nicht wissen – stechen Sie einfach

zu!« oder »Ist mir doch egal!« oder auch mal ein eher ungehaltenes »Schwätzen Sie nicht, machen Sie!« hörte ich dann. Das hat mich am Anfang so irritiert, dass ich beim darauf folgenden Patienten nichts mehr sagte, worauf prompt kam: »Sie hätten mich vorwarnen müssen!«

Es ist nicht leicht, und jeder will anders behandelt werden – aber sogar mit meiner noch bescheidenen Erfahrung an praktischer Arbeit habe ich den Schlüssel entdeckt: Zuhören. Zuschauen. Und Reden. Da lernt man schon eine ganze Menge über einen Menschen, etwa ob er die Schritte einer Untersuchung erklärt haben will oder nicht.

Und der Schlüssel ist universell! Auch wenn ich mich wiederholen sollte: Das Erstbeste, was ein Arzt tun kann, ist Zuhören. Und das Zweitbeste ist es, daraus eine gute Medizin zu machen. In jeder Situation.

Zum Zuhören gehört auch, auf die Worte des Patienten zu achten, auf seine Sprache, auch auf seine Körpersprache. Daran muss ich mich als Arzt anpassen.

Aber auch Patienten müssen sich anpassen! Und zwar daran, dass Ärzte keine Götter sind und keine Gedankenleser. Ein Arzt kann auch nur das wissen, was ihm mitgeteilt wird, sei es im Gespräch oder in der Untersuchung. Früher war ich wütend auf die Ärzte, auf ihre Sprache und die bedrohlichen Worte, die sie benutzten. Bedrohlich, weil ich sie nicht verstand. Ich empfand es als Arroganz und Überheblichkeit mir gegenüber. Wenn sie das Zimmer verließen, blieb ich aufgewühlt und unzufrieden zurück.

Heute erkenne ich, dass ihre (und jetzt auch meine) Art zu sprechen nicht boshaft oder verwirrend gemeint ist, sondern eher eine eingefleischte Gewohnheit aus einer Studiumswelt, in der man streng getadelt wird, wenn man »Bauchspeicheldrüse« anstatt »Pankreas« sagt. Sicher – es gibt Ärzte, die sich tatsächlich darauf etwas einbilden, dass sie ein paar lange Worte kennen! Aber bei den meisten vermute ich eher, dass sie ihr Leben bzw. die Sprache und das Wissen von vor dem Studium einfach vergessen haben. Mir fällt es jetzt auch schwer zu glauben, dass jemand nicht weiß, was ein »Kolon« ist (Dickdarm), so infiltriert bin ich von der Medizin. Aber ich versuche, mich immer wieder daran zu erinnern, und spreche daher einen Appell an alle Patienten aus: Fragen!

Sogar Ärzte, die sich alle Mühe geben, sind nicht unfehlbar. Und es gelingt nur in Zusammenarbeit, dass die Dinge gut laufen. Also, liebe zukünftige Patienten da draußen: Ich werde mein Bestes geben, um Euch zu verstehen, zu behandeln und zu heilen. Aber Ihr müsst mich – und alle anderen Kollegen – dabei unterstützen, in dem Ihr mitarbeitet. Und für Euch selbst kämpft! Besteht auf Eurem Recht, das zu erfahren und zu verstehen, was Ihr verstehen wollt. Und lasst uns Ärzte nicht das Zimmer verlassen, ehe Ihr zufrieden seid. Dafür sind wir nämlich da.

Annegret

Ich möchte gerne ein wenig über ein junges Mädchen schreiben, weil die Begegnung mit ihr mich sehr bewegt hat. Sie beweist, dass nichts vorhersehbar ist, keine Statistik ist unfehlbar, und dass Aufhören nicht Aufgeben ist.

Um etwas schon vorweg zu nehmen: Sie lebt nicht mehr.

Vor drei Jahren erhielt ich einen Brief vom Verein »Herzenswünsche« – eine wunderbare Organisation, die sich darum bemüht, eben »Herzenswünsche« von schwerkranken Kindern zu erfüllen. In diesem Brief stand, dass ein 13-jähriges Mädchen sie angeschrieben hätte und sich wünschte, mich kennen zu lernen. Sie hatte mein Buch gelesen und viele Gemeinsamkeiten zwischen uns und unseren Leidenswegen entdeckt – auch sie hatte Leukämie, die ALL. Sie schrieb mir, dass ich ihr Kraft geben würde.

Ich war tief gerührt und überglücklich über diesen Brief – das war genau das, was ich mit meinem Buch hatte erreichen wollen! Ich zögerte keine Sekunde und sagte gerne einem Treffen zu.

Wir trafen uns in ihrer Stadt im Förderkreishaus, denn sie war noch in der stationären Phase der Therapie. Ihre Eltern waren auch dabei, und es war richtig schön. Wir kochten gemeinsam, redeten viel, und später zeigte sie mir ihre Klinik. Ich fuhr wieder nach Hause, erfreut, so eine nette Freundin gewonnen zu haben – wenn auch völlig erschöpft von den Umständen. Es strengte mich sehr an, sie zu sehen, kahl und auf die nächste Therapie wartend. Sie tat mir leid, dass sie noch so viel vor sich hatte, und ich konnte nicht vermeiden, auch mich selbst in ihr wiederzuerkennen.

Wir schrieben uns oft nach diesem ersten Treffen – etwa ein Jahr später bekam sie einen Rückfall. Die Therapie begann für sie wieder von vorne, noch härter als vorher, aber sie kämpfte weiter. Annegret machte die Dinge, die sie machen wollte. Sie ging weiter Reiten und hielt sich nicht unbedingt an die Anweisungen, die die Ärzte ihr auftrugen.

Eines Abends, während sie zu Hause war in einer Therapiepause, stand sie vom Sofa auf, um in die Küche zu laufen, aber ihre Beine trugen sie nicht mehr. Auch das Gefühl in ihnen verschwand, die Ärzte konnten die Ursache nicht finden.

Als die Therapie fortgesetzt wurde, stieg die Lähmung sogar weiter hoch am Körper – scheinbar gab es einen Zusammenhang zwischen der Chemotherapie und der Lähmung. Mittlerweile saß Annegret im Rollstuhl. Die Blase funktionierte nicht mehr, und sie litt schrecklich unter der Angst, dass es sich noch verschlimmern könnte. Ihre Ärzte wussten auch nicht weiter – so etwas hatten sie noch nicht erlebt. Wie sollte es weitergehen? Schließlich war da ja auch die Leukämie, die behandelt werden musste, aber um welchen Preis?

In dieser Zeit hatte ich zufällig gerade die Fächer »Onkologie« und »Hämatologie«. In unseren Vorlesungen lernten wir, wie *wunderbar* Leukämie heutzutage zu behandeln ist. Und dass gerade die ALL therapeutisch schon *fast kein Problem* mehr darstellt. Dass die Nebenwirkungen der Chemotherapie *fast gänzlich* zu therapieren sind. Die Jungs kicherten über die Punktionsnadel – und ich wollte nur noch weg.

Ich kann einfach nicht begreifen, warum die wirkliche Krankheit in den Vorlesungen keinen Platz einnimmt. Wie sollen Studenten lernen, um was es in ihrem Beruf geht, wenn schon die Dozenten sich nicht damit beschäftigen? Es geht auch nicht nur um Krebs, sondern um so viele verschiedene Krankheiten, hinter denen überall Menschen stehen: Menschen, die Ausnahmen darstellen, weil es keine festen Regeln gibt. Sicher – in dieser Vorlesung trafen zwei Extreme aufeinander: Annegret, die in ihrem Leiden so selten war, dass niemand von etwas Derartigem gehört hatte, und der Dozent, der nicht über die 5-Jahres-Statistiken seiner eigenen Station hinausblicken konnte. Oder wollte.

Aber egal, ob Extreme oder nicht – ich unterstelle einfach mal, dass nicht nur ich solche Vorlesungen erlebt habe. Das kann ich mit gutem Gewissen tun, denn sie spiegeln eigentlich genau die Grundhaltung von Ärzten wider, die ich immer wieder als Patientin erlebt habe. Und irgendwo her muss sie ja kommen. Ich behaupte, wie vorher schon, die Bereitschaft, Patienten zu anonymisieren und abzustempeln, wird im Studium gesät.

Aber zurück zu Annegret.

Sie stand vor einer Wahl: Chemo weiter, mit all den furchtbaren Nebenwirkungen, die sie zur Genüge kannte, und einer (statistisch) sehr kleinen Chance der Heilung, dafür eine unabschätzbare Ausbreitung der Lähmung – oder Aufhören. Aufhören mit der Therapie und den Krankenhäusern, die Zeit so nutzen, wie sie es sich vorstellt, auch wenn sie im Rollstuhl saß.

Annegret hörte auf. Aber sie gab nicht auf. Sie kämpfte um ihr Leben und machte nur noch die Dinge, die ihr gut taten. Beispielsweise Reiten oder große Grillfeuer mit Freunden. Ihre Eltern taten alles, damit ihre Qualen möglichst klein waren und sie sich zu Hause wohlfühlen konnte.

Ich besuchte sie ein letztes Mal, wenige Wochen, bevor sie starb. Ich hatte es mir nicht so schlimm vorgestellt – das Sterben, meine ich. Sie sah furchtbar aus und litt unter schrecklichen Schmerzen. Bevor sie einen Bissen essen konnte, musste sie fast 20 Minuten lang ihren wunden Mund behandeln, damit es erträglich war. Das Umlagern aus dem Rollstuhl ins Bett verursachte zermürbende Schmerzen.

Und dennoch – sie strahlte. Sie strahlte Liebe aus – und Freude, dass sie zu Hause war, dass ich sie besuchte, dass die Wurst am Lagerfeuer schmeckte, auch wenn sie noch so sehr wehtat.

Annegret starb in ihrem eigenen Zimmer, umgeben von Menschen, die sie liebten. Ich bin ihr und ihrer Familie sehr dankbar, dass ich in dieser Phase an ihrem Leben teilhaben durfte.

Ihr Tod macht mich sehr traurig, aber mein Glaube an das Schöne nach dem Tod hilft mir zu denken, dass es ihr jetzt gut geht. Und ich habe gelernt, was Medizin auch sein kann, nämlich Begleitung und Unterstützung – in allem, was der Mensch braucht.

Der Tod

Im Krankenhaus erlebte ich den Tod bzw. eigentlich das Sterben als verschwiegene Formalität. Wenn sich der Tod langsam abzeichnete an den Körpern und Werten der kleinen Patienten, wurden sie ins hintere Zimmer gebracht, fernab vom übrigen Leben und Treiben auf der Station. Sie waren plötzlich weg, noch ehe sie tatsächlich verstorben waren, und das Tagesgeschehen ging weiter wie bisher. Irgendwann kam dann der Augenblick, in dem alle Türen auf dem Flur verschlossen wurden, man hörte das Rollen und Klappern der Bahre draußen – und das war's. Der Hauspsychologe ließ sich interessanterweise an diesen Tagen nicht blicken. Man sprach nicht darüber, die Hinterbliebenen wurden diskret hinausgebeten, und das Zimmer war wieder frei.

Mich schaudert es heute noch, wenn ich nur daran denke. Dabei ist es nicht wirklich der Tod, der mich belastet, sondern diese Verschwiegenheit. Die Verlogenheit, die das Verstecken der Kinder beinhaltet. Ich hatte eine ungeheure Angst – nicht vor dem Tod, sondern vor dem Zimmer. Davor, am Ende des Ganges zu liegen, noch mehr von der Welt ausgeschlossen – vielleicht sogar abgeschrieben? Ich wollte nicht als »tot« gelten, solange ich noch um mein Leben kämpfte.

Aber so etwas verstanden die Schwestern und Ärzte nicht. Sie bemühten sich auch nicht sonderlich darum, zu begreifen, warum ich Heulkrämpfe bekam, als ich eines Tages doch in das hintere Zimmer gebracht wurde. Sie werteten es einfach als »Zickigkeit« meinerseits, ein weiterer Versuch, ihre Arbeit zu sabotieren und noch schwerer zu machen.

Die Verdrängung des Themas »Sterben« von der Station hatte sicher viel mit Schutz zu tun. Schutz der Arbeitenden vor einer Belastung, die ihre Kräfte übersteigt und einen geregelten Arbeitsablauf erschwert. Ich glaube nicht, dass der Tod von Patienten an irgendjemandem spurlos vorbeigeht. Und jeder Mitarbeiter entwickelt seine eigene Strategie, um damit umzugehen – meistens lautet diese »Verdrängung«. Ich verstehe das ja auch, aber es ist nicht fair den Patienten gegenüber. *Sie* können nicht davor weglaufen, ihre Angehörigen auch nicht. Sie können sich nicht ablenken, nicht abends nach Hause gehen und mit der Familie ein »normales« Leben führen. Sie bleiben in der Klinik, hören die Bahre, begreifen ihre Bedeutung – und bekommen durch das Verhalten der Mitarbeiter ein Gefühl der Bedeutungslosigkeit vermittelt.

So, als wäre nichts gewesen.

Wer will so enden, als wäre nichts gewesen?

Ich glaube, vieles wäre besser – und zwar für alle Beteiligten –, wenn offen darüber gesprochen würde, was Sterben bedeutet, anstatt es nur zu verschweigen. In meiner neuen Klinik erlebte ich bei meinem Professor, wie ein besserer Umgang damit aussehen könnte. Ich hatte auf einer Wochenendfreizeit ein gleichaltriges Mädchen aus der Klinik kennen gelernt, mit dem ich mich gut verstand. Sie war noch mitten in der stationären Therapie, und als ich dann das nächste Mal zur Kontrolluntersuchung kam, fragte ich den Professor, wie es ihr ginge und ob sie zufällig gerade auf Station war, damit ich sie besuchen konnte.

Er sagte mir, dass sie verstorben sei. Und anstatt mit der Tagesordnung fortzufahren, fragte er mich, ob ich darüber sprechen wolle.

Ich war zunächst überrumpelt von seinem Angebot, traute mich jedoch, es anzunehmen. Es folgte ein zweistündiges Gespräch, in dem ich alles fragen durfte, was ich wollte – und ich bekam Antworten. Es war das erste – und bis jetzt letzte – Mal, dass ich so offen reden konnte.

Warum gab es das nicht schon früher? Ist es anderen Ärzten zu mühsam? Oder sind sie einfach unsicher? Fürchten sie sich vor meinen Fragen?

Eigentlich müsste man denken, dass gerade Mediziner sich ausgiebig mit dem Sterben beschäftigen – zumal es das einzige Ereignis ist, was wirklich jeder in seiner Laufbahn erlebt. Patienten sterben. Da gibt es keinen Weg dran vorbei. Und weiterhin müsste man denken, dass gerade Mediziner darum bemüht sein müssten, das Sterben – wie jede andere Therapie – so optimal wie möglich zu gestalten.

Die Realität sieht erschreckend anders aus.

Schon das Medizinstudium setzt hartnäckig alles daran, das Thema »Sterben« möglichst zu umgehen. Es gibt keine einzige Vorlesung über das, was passiert, wenn ein Mensch nicht mehr gerettet werden kann. Niemand sagt uns, dass die Menschen furchtbare Schmerzen haben können, dass sie manchmal auch panische Angst erleben, dass sie schreien oder toben können, dass ihre Angehörigen vor lauter Verzweiflung es nicht an der Seite ihrer Lieben aushalten. Wir lernen nicht, wie wir den Prozess des Zerfalls begleiten sollten, und auch nicht, wie man Schmerzen und Ängste lindert. Das Sterben ist nicht Teil des Curriculums – Physik, Chemie und Statistik dagegen schon.

Eine befreundete Kommilitonin berichtete mir von einer Nachtdienstschicht im Krankenhaus, wo sie zur Aushilfe arbeitet. Außer ihr war noch eine Krankenschwester anwesend, die sich aber für eine Weile zurückziehen wollte, da es wenig zu tun gab. Bevor sie sich auf den Weg machte, verabschiedete sie sich mit den Worten:

»Schau ab und zu nach Frau W. in der Zwei. Wenn sie tot ist, ruf den Dienstarzt an.«

Meine Freundin, die noch nie das Sterben eines Menschen erlebt hatte, war erschüttert. Sie hatte sich, so wie ich und viele andere Studenten auch, vorgestellt, dass der bevorstehende Tod eines Menschen mit etwas mehr Respekt behandelt würde – und nicht wie ein Braten, den man rechtzeitig aus dem Ofen nehmen muss. Voller Panik, etwas zu übersehen oder falsch zu machen, verbrachte sie die Nacht damit, alle zehn Minuten in Zimmer Zwei zu gehen, um zu schauen, ob Frau W. noch atmete.

Frau W. starb nicht in dieser Nacht. Und ob es der nächste oder übernächste Tag war – sie war sehr wahrscheinlich allein. Denn nicht einmal in einer Nacht, in der es so ruhig ist, dass man sich zurückziehen kann und einer Studentin das Feld überlässt, kommt man auf die Idee, einer Sterbenden z. B. zehn Minuten die Hand zu halten.

Im Gegensatz zum Sterben begleitet uns der tote Körper jedoch von Anfang an. Das erste Semester des Medizinstudiums beginnt mit Anatomie und dem so genannten »Präparations-Kurs«, also »Leichen auseinander nehmen«. Das erste medizinische Werkzeug, das ich kaufen musste, war interessanterweise nicht ein Stethoskop oder ein Reflexhammer, sondern ein Skalpellset und Gummihandschuhe. Wir lernten den menschlichen Körper kennen, indem wir ihn aufschnitten, begleitet von dem widerlichen Gestank der Konservierungsmittel, mit denen die Leichname getränkt waren. Menschliche Körper lagen vor uns, Gesichter schauten uns an, und wir lernten, sie als Objekt zu betrachten. Ein Stück Fleisch, das wir nach und nach auseinander nehmen und dabei die Einzelteile benennen sollten.

Wir durften nicht erfahren, wer diese Menschen waren, die ihre Körper zum Zwecke der Medizin gespendet haben. Wir erfuhren auch nicht, woran sie gestorben waren oder wie alt sie waren. Die Körper wurden transferiert aus dem Leben eines Menschen in ein anonymisiertes Studienobjekt, ein Puzzle, das es auseinander zu nehmen galt. Die einzige Möglichkeit, sie noch als Mensch wahrzunehmen, war die Bestattung ihrer Einzelteile, an der wir zum Schluss des Kurses teilnehmen durften.

Ich war überrascht, wie schnell man einen Menschen tatsächlich zum Objekt machen kann. Lediglich als ich die Haut von den Händen abpräparierte, war ich innerlich aufgewühlt. Ich stellte mir vor, welche Berührungen im Laufe des Lebens damit gemacht wurden, welche Arbeit verrichtet. Das war das einzige Mal, dass ich den Saal kurz verlassen musste – danach lief alles wie automatisiert. Wir lernten, Distanz aufzubauen, uns auf das für Studenten Wesentliche zu konzentrieren, nämlich die bevorstehende Prüfung.

Das ist es, was ich klarmachen will. Der Präp-Kurs ist unbestritten die beste Methode, die Anatomie des Körpers kennen zu lernen, aber gleichzeitig wird schon im allerersten Semester eines Mediziners eine Botschaft der Distanz vermittelt. Anders ist es auch nicht möglich, einen Körper zu zersägen. Der tote Körper ist ein Objekt, wir verlieren damit die Scheu davor. Aber was ist mit dem Menschen vorher? Wie ist der Übergang zwischen diesen zwei Welten?

Im Verlauf des Studiums wird diese erste Lernbotschaft bekräftigt. Später in der Pathologie betrachten wir den Körper sauber zerlegt auf Glasplättchen unter dem Mikroskop. Wir lernen die Zellarten kennen und wie verschiedene Krankheiten aussehen – sowohl von Lebenden wie auch von Toten. Wir diagnostizieren ein Neuroblastom oder Morbus Parkinson und freuen uns riesig, weil wir damit die Prüfung bestehen. Wir begreifen nicht, was oder wer dahintersteht.

Und dann kam die Rechtsmedizin, ein Fach, in dem es darum geht, nicht-natürliche Tode aufzuklären, z.B. Gewaltverbrechen oder Selbstmord. Ein Fach, in dem die Vorlesungen aus Diareihen mit Erhängten, Erwürgten, Ertrunkenen, Erstochenen, Erschossenen, Erschlagenen, Vergifteten und Vergewaltigten bestehen. Die Dozenten, die für ihren Beruf leben, sagen Sätze wie:

»Die Messerstiche sind hier perfekt gesetzt. Man sieht wunderschön die Schwalbenform, die die Klinge verursacht. Ein Kunstwerk!« Oder:

»Das ist doch harmlos! Die besten Bilder habe ich Ihnen

sogar vorenthalten!«, wenn bei einem besonders erschreckenden Bild ein Stöhnen durch die Zuhörerreihe ging.

Höhepunkt der Veranstaltung ist die Leichenschau, an der man in kleinen Gruppen teilnimmt, sofern »etwas hereingekommen ist«. Wenn etwas hereingekommen ist, bedeutet das, dass ein Mensch in der Nacht zuvor gestorben ist – oder zumindest aufgefunden wurde. Hier lernt man, den Leichnam genau nach bestimmten Kriterien zu untersuchen, denn schließlich gehört es zu den Pflichten eines jeden Arztes, eine Leichenschau zu vollziehen, wenn er hinzugerufen wird. Und zu unterscheiden, ob der Tod natürlich oder nicht-natürlich eingetreten ist.

Die Leichenschau, an der ich teilnahm, war an einem 11-jährigen Jungen. Er war am Morgen von seinen Eltern tot im Bett aufgefunden worden – es ging ihm noch wunderbar am Tag vorher. Er lag genau so, wie er nachts geschlafen hatte, leicht auf die Seite gedreht, ein Arm unter den Kopf gelegt. Sein Schlafanzug und seine Unterhose lagen zusammengeknüllt neben ihm auf dem harten Metalltisch. Er sah aus wie eine lebensgroße Puppe, als müsste er gleich wieder vom Tisch aufspringen. Er war, im Gegensatz zu den konservierten und präparierten Leichnamen ein Mensch. Die Dozentin ging mit gewohnten Arbeitsschritten vor, stocherte in den leblosen Augen, streckte die Glieder, bis es knackte. Es war furchtbar. Es war eine Steigerung der Distanzierung, die für mich kaum zu ertragen war. Der Körper als Objekt.

Ich erzähle das nicht, um zu gruseln. Ich erzähle diese Dinge, um zu vermitteln, was Ärzte vom Tod eigentlich so wissen – sofern sie sich nicht außerhalb des Studiums damit beschäftigen. Wenn man sich das Studium vor Augen hält, so ist es nicht mehr ganz unverständlich, warum der Umgang mit dem Tod im Krankenhaus so ist, wie er ist. Und mit dem Sterben erst Recht. Wenn ich nicht meine persönlichen Erfahrungen damit hätte, die Erfahrung, wie es auf der anderen Seite ist, wäre ich genauso stumpf wie

Tumoren. Der Verlauf und die Behandlung dieser Erkrankungen unterscheiden sich erheblich von den meisten Krebsleiden älterer Menschen.

Die Erfahrung hat gezeigt, dass ohne Behandlung Krebserkrankungen im jugendlichen Alter sehr schnell zum Tode des Patienten führen und auch scheinbar lokalisierte Tumoren in den meisten Fällen schon Absiedlungen (Metastasen) in andere Organe gesetzt haben. Deshalb können die im Erwachsenenalter üblichen Therapien der Chirurgie und Radiotherapie bei Kindern und Jugendlichen nicht alleine heilend sein, sondern zur erfolgreichen Bekämpfung dieser Leiden muss eine Therapie angewandt werden, die auch die nicht sichtbaren, aber vorhandenen Krebszellen in anderen Organen erreicht (Systemtherapie). Nicht nur Patienten, sondern auch Ärzte würden sich eine Therapie wünschen, die bei größtmöglicher Wirkung auf die Krebszellen wenig Nebenwirkungen hat. Doch gibt es eine derartige Behandlungsmethode trotz gelegentlicher gegenteiliger Behauptung noch nicht. Deswegen ist es notwendig, fast alle Kinder und Jugendlichen mit einer Krebserkrankung medikamentös zu behandeln (Chemotherapie).

Diese Medikamente hemmen die Zellvermehrung, unglücklicherweise sowohl der Krebszellen als auch der normalen Zellen. Da für die Funktion gesunder Organe eine konstante Zellvermehrung notwendig ist, kann eine derartige Behandlung prinzipiell an jedem Organ Schäden setzen. Dabei werden die schnell regenerierenden Gewebe mehr getroffen als die langsam regenerierenden Gewebe und natürlich die im Jugendalter schnell wachsenden Tumoren am meisten durch diese Therapie gehemmt. Überdies hat die klinische Erfahrung gezeigt, dass der Behandlungserfolg umso größer ist, je intensiver bzw. schneller die medikamentöse Therapie verabreicht wird. Dieses bedeutet, dass chemotherapeutische Behandlung so intensiv gestaltet wird, wie der Patient sie mit beherrschbaren Nebenwirkungen ertragen kann. Damit ist vorgegeben, dass auch einige Patienten unter dieser Therapie erheblich leiden müssen. Nur so war es möglich, die Mehrzahl der Patienten langfristig von ihrem Krebsleiden zu heilen, was heute bei zwei von drei Patienten möglich ist, bei manchen Erkrankungen sogar bei vier von fünf Patienten.

Für diesen Erfolg war außerdem ausschlaggebend, dass die Behandlung erheblich länger fortgesetzt wird, als Krankheitszeichen vorhanden sind, da eine Heilung nur dann möglich ist, wenn die klinisch nicht sichtbaren, aber mikroskopisch vorhandenen Krankheitsabsiedlungen ebenfalls vernichtet werden. Wenn also bei einem jungen Menschen eine Krebserkrankung diagnostiziert wird, muss eine intensive medikamentöse Therapie erfolgen, die häufig – aber nicht immer – erhebliche Nebenwirkungen hat. Es ist die Aufgabe des behandelnden Teams, diesen belastenden Weg medizinisch, pflegerisch und psychosozial so zu begleiten, dass der Patient und seine Familie physisch und psychisch von seiner Erkrankung geheilt werden kann. Für diese Aufgabe stehen an allen Universitäts-Kliniken und größeren städtischen Häusern Abteilungen zur Verfügung, in denen sich Ärzte, Schwestern und Pfleger ausschließlich auf die Behandlung derartiger Krankheiten spezialisiert haben. Nur durch diese zentrierte Erfahrung ist es heute möglich, diese Therapien so intensiv zu gestalten, dass die Nebenwirkungen beherrscht werden können und so die Heilung der Mehrzahl der Patienten möglich wird. Diese Art der Therapie für eine lebensbedrohliche Erkrankung erfordert auf der anderen Seite eine erhebliche Mitarbeit der Patienten und ihrer Familien, die nur durch ausreichende Information und frühzeitige Beratung erreicht werden kann. Deshalb stehen heute in den Behandlungszentren psychosoziale Mitarbeiter zur Verfügung, die in Zusammenarbeit mit dem medizinisch-pflegerischen Team die ganzheitliche Versorgung der Patienten und ihrer Familien übernehmen. Diese Zusammenarbeit hat die Behandlungsqualität in diesem Fach erheblich verbessert. Tausende von gesunden erwachsenen Mitbürgern, die als Kinder eine derartige Erkrankung hatten, sind dafür ein lebendes Zeugnis.

Für mich als Arzt ist dieses Buch besonders interessant, weil nicht ein Angehöriger, sondern eine selbst erkrankte Jugendliche ihre Krankheitsperspektive schildert. Auch wenn man sich als Arzt bemüht, mit den Patienten mitzuempfinden, so zeigt die Autorin sehr beeindruckend, wie die Routine und Einzelheiten des Klinikalltags aus der Sicht der Patienten gesehen werden. Es soll nur kurz darauf hingewiesen werden, dass nicht alle Ärzte, Professoren, Schwestern und Psychologen wie die hier beschriebenen sind und nicht alle Patienten wie die Autorin, die trotz (oder wegen?) ihrer schweren Erkrankung und stürmischen Behandlung einen so lebendigen und beeindruckenden Bericht verfasst hat.

Ich wünsche dem Buch eine große Leserschaft, den Lesern ein besseres Verständnis der Krankheitsproblematik und das Gefühl der Sympathie für die betroffenen Patienten und ihre Familien.

Bonn, März 2004

Irgendwas ist immer

Für Felix.

2004

Irgendwas ist immer

Vor ein paar Jahren kaufte ich mir ein wunderschönes rotes Tagebuch. Es gefiel mir, war nicht zu klein und nicht zu groß, die Seiten waren leicht vergoldet, und sie fühlten sich weich an. Vorne auf dem Einband prangten in einfacher Goldschrift jene drei Worte: Irgendwas ist immer. Ich fühlte mich davon angesprochen, von der Schlichtheit des »Titels«, es löste innerlich so einen leisen Seufzer aus: »Ja, so ist es.«

Erst als ich zu schreiben begann und die Seiten sich füllten, begriff ich tatsächlich, welche Präsenz die Leukämie und alle damit verbundenen Gefühle immer noch in meinem Leben haben. Präsenz ist nicht zwingend etwas Unangenehmes. Meistens nehme ich sie einfach nur wahr: Ich erinnere mich an etwas, ich begegne Menschen mit Krebs oder anderen Krankheiten, ich muss für mein Medizinstudium Fakten lernen und in Prüfungen reproduzieren – ich fühle mich nicht verunsichert dadurch, im Gegenteil, ich fühle mich stark! Doch manchmal erzwingt sich meine Leukämie (und ich sage bewusst »meine Leukämie«, auch wenn ich nach wie vor in Remission bin) einen Raum, den ich ihr überhaupt nicht zugestehen möchte. Dann macht ihre Präsenz mir plötzlich wieder Angst. Dann fühle ich mich nicht mehr stark, sondern sehr schwach, hilflos. Und ich verliere das Vertrauen in mich und meinen Weg.

Manchmal schäme ich mich für die Unsicherheit und die Angst, die ich noch immer in mir wahrnehme – schließlich geht es mir ja gut! Ich studiere für meinen Traumberuf Medizin, wohne glücklich verheiratet mit der Liebe meines Lebens (die zweite Hälfte meiner Seele), ich bewege mich in Freiheit und genieße es, eine junge Frau zu sein.

Doch andererseits: Das Studium verlangt mir mehr ab,

als ich geahnt hätte – und damit meine ich nicht das unendliche Wissen, das den Weg vom Papier der zentnerschweren Bücher in mein (möglichst Langzeit-) Gedächtnis finden muss. Ich meine die Grenzgänge zwischen dem Arzt- und dem Patientendasein. Das Erlernen einer Distanz, ohne dabei die Nähe zu verlieren, und das Einschränken einer besonderen Nähe, ohne dabei in eine entrückte Distanz zu entgleiten. Wie kann ich meine Gefühle in die Behandlung meiner Patienten einbringen, ohne sie dabei unrechtmäßig zu übertragen? Wie schütze ich mich selbst vor meinem Ehrgeiz, alles perfekt und fehlerfrei zu machen, wo ich doch nie dieses Ideal werde erreichen können? Die Leukämie ist jeden Tag in mir präsent, in jeder Vorlesung, in jedem Patientengespräch, in jeder Prüfung.

Und meine zweite Hälfte? Das größte Geschenk, das dieses Leben mir beschert hat, birgt gleichzeitig einen noch größeren Kampf als meinen bisherigen gegen den Krebs. Mein Mann leidet an Mukoviszidose, einer unheilbaren Stoffwechselerkrankung, die vor allem die Lunge in besonders grausamer Weise nach und nach zerstört. Jeder Tag ist ein Kampf gegen das Ersticken, wir kämpfen gemeinsam, und ich versuche das zu geben, was ich in den Monaten meines Todeskampfes gebraucht habe. Die Leukämie ist jeden Tag in mir präsent, in jeder Hustenattacke meines Mannes, in jeder Fiebernacht, in jeder Entscheidung, wie es nun weitergeht.

Zehn Jahre, nachdem ich zaghaft die ersten Zeilen dieses Buches geschrieben habe, schreibe ich nun daran weiter – weil es viel zu erzählen gibt! Als Patientin, als werdende Ärztin, als junge Frau. Der Krebs ist aus meinem Körper verschwunden, aber nicht aus meinem Leben – irgendwas ist immer.

Angst

Dass ich die Angst vor einem Rückfall immer noch in mir trage, spüre ich vor allem dann, wenn sich an meinem Körper etwas verändert. Eine Schwellung hier, blaue Flecke dort – etwas nagt in mir, arbeitet sich durch diverse Barrieren, die ich mir errichtet habe, kämpft sich vor und flüstert mir ins Ohr: »Was wäre, wenn? Vielleicht doch? Kannst Du Dir so sicher sein?«

Diese Stimme ist mir unheimlich. Es ist mir unheimlich, dass ich sie nicht kontrollieren, nicht zum Schweigen bringen kann. Nicht einmal durch die Vernunft! Die Angst ist stärker, mächtiger. Sie ist wie eine Beule, die, wenn ich sie eindrücke und versuche zu verdrängen, sich sofort an anderer Stelle hervorwölbt. Diese andere Stelle ist meistens die Nacht, der Traum. Der Ort, an dem ich vollends die Kontrolle über meine Gedanken verliere und den wirren Schatten der Nacht ausgeliefert bin. Hier schlittere ich von Abgrund zu Abgrund, hier zeigt sich, was sich in mir aufstaut.

Manchmal träume ich sehr detailliert – von der Nachricht, einen Rückfall zu haben, von Klinikfluren und Knochenmarkspunktionen. Ich träume von dem Nichtverstandenwerden, vom Alleinsein, von dem Sterben. Und manchmal träume ich völlig diffus, von Flucht, Schmerz und Verfolgung.

Hinzu mischt sich die Angst um meinen Mann, die Sorge um ihn und die Trauer um sein Leiden. Ich wache morgens auf, die Augen rot und geschwollen, der Kopf wirr und erschöpft. Ich stehe auf und lasse die Nacht in meinem Bett zurück, die Träume unter meinem Kopfkissen, um möglichst schnell zu vergessen. Doch leider warten sie dort auf mich, bis zur nächsten Nacht.

Ich habe schon viele Dinge ausprobiert, um sie los zu werden: von Tee oder heißer Milch mit Honig bis Baldriankapseln oder Hustensaft (macht müde!). Ich hörte regelmäßig Kinderkassetten wie Bibi Blocksberg oder Drei Fragezeichen, widmete mich der klassischen Musik und machte Entspannungsübungen vor dem Schlafen – doch es gibt kein Entkommen. Die Gedanken verwirren sich gnadenlos, Nacht für Nacht. Wie soll ich bloß davon frei kommen?

Schlaf ist keine Erholung, sondern eine Pflicht. Das aber macht mich traurig – wie gerne würde ich gemütlich abends ins Bett fallen, mich in weiche Decken einkuscheln und entspannt in die Nacht hineingleiten …

Stattdessen fürchte ich mich davor. Ich wache nachts nach einem besonders schlimmen Traum auf und bin völlig verzweifelt, weil ich wieder einschlafen muss. Es macht mich wütend, dass es mir so geht – wütend auf mich selbst. Warum kann ich mich nicht besser kontrollieren? Und ich schäme mich, dass ich schwach bin – zumindest werte ich die Träume als Schwäche.

Mein Unmut und meine Erschöpfung über die misslungenen Nächte ging sogar so weit, dass ich meine immer währende Scheu (wenn nicht gar Abneigung!) gegen Psychiater/Psychologen beiseite legte und beschloss, Hilfe zu suchen. Ich bekam die Empfehlung, dass eine Hypnosetherapie mir helfen könnte. Hypnose klang gut – hat ja auch irgendwie etwas mit Schlaf zu tun.

Der erste Termin sah so aus: Ich saß (übrigens schwer erkältet) auf einer Couch, der Therapeut auf einem Stuhl, und zwar in etwa vier Meter Distanz zu mir. Da die Praxis auch noch an einer Verkehrstraße lag und der Dr. mit erheblichem Akzent extrem leise sprach, musste ich mich vorlehnen und angespannt lauschen, um ihn zu verstehen. Meine Ohren und meine Nase waren zu, und ich musste durch den Mund atmen, um überhaupt zu Luft zu kommen.

Trotz meiner Anstrengung bekam ich nur die Hälfte mit. Als er mich dann fragte, wie ich mich denn so fühle jetzt in der Situation, antwortete ich, dass ich ihn kaum verstehe und ob er bitte etwas lauter sprechen könnte. Das schien ihn etwas zu pikieren, und er bestand darauf, leise zu sprechen, weil ich ja so angespannt sei, meine Körperhaltung und meine Atmung verrieten es ihm.

Und da war es wieder – genau das, was ich so an diesen Leuten hasse. Diese herrliche Gabe, alles zu deuten. Ja, ich war angespannt! Aber nicht wegen des Termins, sondern weil es mir auf die Nerven fiel, ständig nachfragen zu müssen, was er denn gerade gesagt habe, weil ich ihn nun mal nicht hörte! Und ich fand es albern, die doch recht intimen Eckpunkte meiner Geschichte über die Entfernung zu ihm herüberbrüllen zu müssen. Und meine Atmung verriet nichts anderes, als dass ich schrecklich erkältet war, was er unschwer auch an meinen zahlreichen Taschentüchern und Niesern hätte erkennen können.

Die Misere wurde jedoch bald beendet, denn dann kamen die Fragebögen (irgendwie wollen sie doch alle das Gleiche!). Ich füllte gleich mehrere davon aus, die der Psychiater dann lange auswertete, während ich da saß und ihm zuschaute. Anschließend teilte er mir mit, dass ich keine Persönlichkeitsstörung hätte, nicht aggressiv und eher introvertiert sei.

Diese Information hätte ich ihm meiner Meinung nach auch ohne Fragebogen geben können.

Er gab mir einen Stapel weiterer Zettel mit, die ich bis zum nächsten Termin ausfüllen sollte.

Der zweite Termin sah so aus: Ich war zumindest nicht mehr erkältet und konnte schon deshalb etwas mehr, wenn auch nicht alles, hören. Das Verständigungsproblem war wie beim ersten Mal, aber ich war darauf vorbereitet und sah das Ganze entspannter. Meine Blätter hatte ich ausgefüllt und überreichte sie ihm zum Lesen. Er überflog die wichtigsten Absätze, fragte mich noch das eine oder andere und meinte dann schließlich:

»Ich glaube, die Hypnose wird Ihnen nichts bringen. Die Tiefenpsychologie wohl auch nicht. Vielleicht eine Verhaltenstherapie? Dafür bin ich nicht zuständig. Sprechen wir einfach miteinander. Aber ich glaube nicht, dass die Träume weggehen werden.«

Ich erbat mir eine Bedenkzeit, um über die weitere Zusammenarbeit nachzudenken. Als vier Tage später eine Rechnung für über 100 Euro mit der Post kam, hatte ich mich entschieden.

Wer braucht schon Schlaf?

Mittlerweile habe ich gelernt, mich zumindest damit zu arrangieren. Ich erwarte nichts von der Nacht, und ich trage ihr auch nichts mehr nach. Der Tag erlöst mich wieder – darauf ist Verlass. Die Träume lassen sich morgens schneller abschütteln, und der flaue Nachgeschmack ist mit dem Zähneputzen verschwunden. Ab und zu holt mich das Erholungsdefizit wieder ein, dann falle ich nachmittags nach der Uni in einen tiefen, komatösen Schlaf – manchmal sogar traumfrei! Das reicht, um mich wieder aufzutanken. Und vielleicht finde ich irgendwann den Zauberschlüssel zurück in die poetische Seite der Nacht, voller Schönheit und Ruhe.

Die Rückfälle

Meine Leukämie ist nicht weg, ich trage sie immer bei mir. Sicher: DIE Leukämie ist weg. Ich habe keinen Krebs in mir, und ich muss auch keine Medikamente mehr nehmen, meine Haare sind wieder da (noch immer keine schwarzen Locken in Sicht), und ich kann mich belasten. Aber MEINE Leukämie ist da, präsent eben. Die Angst vor einem Rückfall ebenfalls.

Meistens ist sie unbegründet und entwickelt sich einfach aus dem Gefühl heraus, dass es gar nicht sein kann, dass es mir so geht. Dass es ein Wunder ist, an dessen Kraft ich gar nicht glauben kann. Die vielen Sterbefälle anderer Patienten um mich herum zeigen mir, dass nichts selbstverständlich ist.

Aber manchmal bietet mir das Leben auch wieder handfeste Anlässe, Angst zu haben. Die Angst vor einem Rückfall.

Als ich in der 12. Klasse war, entdeckte ich eines Tages wieder so einen »Punkt« in der linken Flanke. Er sah zunächst harmlos aus, aber er wuchs und wuchs und begann sehr weh zu tun. Ich war im Internat, fern von Mama oder meinem Kinderarzt oder meinem Professor. Ich ging in das Städtische Krankenhaus, um mich untersuchen zu lassen.

Der Arzt war besorgt, nahm mir Blut ab und sagte, ich solle so lange warten, bis die Werte da wären. Die Zeit kam mir endlos vor, ich hatte das dringende Bedürfnis, einfach wegzulaufen.

Als er schließlich wieder kam, sagte er es.

»Das Blutbild ist schlecht. Die Leukozyten sind hoch, und wir haben kranke Zellen gefunden. Es ist ein Rückfall. Du solltest gleich in die Uniklinik fahren.«

Ich glaube, ich muss nicht näher darauf eingehen, was diese Worte in mir auslösten. Ich stand unter Schock. Irgendjemand von der Schule holte mich ab. Ich rief Mama an. Nach langer Fahrt kam sie endlich an, und ich brach zusammen.

Wir fuhren noch am gleichen Tag in die Uniklinik zu meinem Professor. Die Knochenmarkspunktion in meiner neuen Klinik war mal ein ganz neues Erlebnis – hier wurde nämlich weder sediert noch betäubt, womit ich auch einverstanden war, denn mein Professor sagte, dass es ganz schnell vorbei sei und es mir hinterher besser ginge. Ich vertraute ihm, auch wenn meine Angst und Aufregung mich innerlich fast zerrissen hätten, und legte mich zitternd bäuchlings (im Gegensatz zu früher auf dem Rücken) auf die Liege.

Die Stationsärztin machte die erste Punktion, die leider misslang. Und ich machte meine erste Erfahrung damit, was passiert, wenn man nur lange genug hyperventiliert. Als der Professor dann kam und den zweiten Versuch startete, konnte ich schon nicht mehr sprechen, weil mein Mund sich verkrampft hatte, und meine Hände verbogen sich in eine groteske Pfötchenstellung – eine typische Folge des schnellen Atmens. Die Tatsache, dass seine Punktion nur 30 Sekunden dauerte, nützte mir nichts mehr. Ich hatte eine weitere Kerbe in meiner Trauma-Skala und die Erkenntnis, dass auch in meiner geliebten neuen Klinik die Dinge mal falsch laufen können.

Ich musste eine Weile in eine Papiertüte atmen, um die Krämpfe wieder weg zu bekommen. Dann schlief ich völlig erschöpft ein und wachte erst nach Stunden auf, als die Stationsärztin zu uns kam.

Das Ergebnis der Punktion war negativ.

Vor zwei Jahren ließ ich routinemäßig ein Blutbild bei meiner Hausärztin machen. Ich rief am nächsten Tag von der Klinik, in der ich gerade ein Praktikum machte, in der Mittagspause an, um die Werte abzufragen. Die Sprechstundenhilfe verhielt sich merkwürdig am Telefon: »Ah ja, Sie sind also Fr. Mohr – die Chefin will mit Ihnen reden, sie hat aber gerade einen Patienten. Rufen Sie bitte in zehn Minuten wieder an.«

Das hat mich doch etwas beunruhigt.

Und als ich zehn Minuten später wieder anrief, sagte sie es:

»Das Blutbild ist auffällig, die Thrombozyten sind viel zu niedrig. Es könnte ein Rückfall sein – Sie gehen am Besten so bald wie möglich in die Klinik, um das abzuklären.«

Wir legten auf, und meine Knie zitterten. Die Mittagspause war vorbei, ich ging zurück zum Unterricht, ließ den Vortrag über Herzultraschall an mir vorbeiziehen und fuhr anschließend völlig benebelt nach Hause. Hier erwartete mich mein Mann, er hielt mich fest in seinen Armen, und ich konnte nur noch weinen, ganz schrecklich weinen. Es fühlte sich an wie eine Lawine, die sich über mich hinweg wälzte, mich unter sich begrub. Ich bekam kaum Luft, Verzweiflung schnürte mir die Kehle zu. Ich war sicher, dass es ein Rückfall war. Ich war sicher, dass ich wieder an den Anfang zurück katapultiert worden war, mit allen Konsequenzen. Und ich war mir sicher, dass ich den Weg nicht mehr gehen wollte.

Die Nacht war grauenvoll, ich schlief kaum, und wenn, dann war ich froh, wenn ich wieder erwachte.

Am nächsten Morgen hatte ich mich gefasst.

Ich rief als Erstes bei meinem Professor an, um zu hören, was er vorschlägt. Durch meinen Umzug zu meinem Mann und in den Ort meines Studiums war ich doch in die Ferne gerückt von ihm und der Klinik – nur mal vorbeifahren ging nicht.

Sein Vorschlag gefiel mir nicht sonderlich:

»Ignoriere die Werte – was Du nicht weißt, macht Dich nicht heiß. Es ist höchst unwahrscheinlich, dass da etwas dahintersteckt. Und 60.000 Thrombos (so viele waren es nämlich, normal sind 150.000 – 600.000) sind mehr als genug. Da verblutest Du nicht!«

Er behielt Recht: Es steckte nichts (zumindest kein Krebs) dahinter, und ich bin auch nicht verblutet. Aber irgendwie fühlte ich mich nicht ernst genommen – und schon gar nicht beruhigt. Ich war – und bin – nicht in der Lage, die Angst einfach beiseite zu schieben. Vor allem dann nicht, wenn ich keine gegenteilige Erklärung habe. Meine Sorge vor einem Rückfall und mein Verlangen nach Gewissheit waren so groß, dass ich beschloss, eine Knochenmarkspunktion machen zu lassen – das Schlimmste des Schlimmen!

Ich stellte mich in der hiesigen Uniklinik der hämatologischen Ambulanz vor und ließ mich beraten. Die Ärztin war sehr nett und riet mir dringend zu der Punktion, weil die niedrigen Werte z.B. auch durch eine Genmutation aufgrund der harten Chemotherapie und Bestrahlung verursacht sein könnten. Oder auch durch eine autoimmune Erkrankung, dass mein Körper sich selbst angreift. Oder auch durch einen Rückfall.

Mit diesen Aussichten gab es für mich überhaupt keine Frage mehr: Punktion. Aber nicht ohne Beruhigung! Es gibt da so ein Zaubermittel, Dormicum. Das wird in die Vene gespritzt – und schon ist man im Traumland! Und falls man doch etwas mitbekommt, macht das nichts, weil diese wunderbare Substanz auch noch die Eigenschaft hat, dass man sich hinterher zumindest nicht mehr daran erinnern kann!

Das war genau das, was ich brauchte, denn eine Punktion bei Bewusstsein würde ich nicht mehr schadlos überstehen, dachte ich.

Ich besprach das Problem meiner Panik kurz mit ihr – sie winkte ab und sagte, das sei alles kein Problem, natürlich könnte ich Dormicum bekommen, das verstehe sie doch von selbst. Wir machten einen Termin für zwei Wochen später aus. Die Punktion sollte ambulant am Vormittag erfolgen.

Die nächsten Wochen zogen sich schrecklich dahin. Ich ging weiter in die Uni, versuchte mir wenig anmerken zu lassen, obwohl ich das Gefühl hatte, von innen zermalmt zu werden. Ich redete mit niemandem darüber und war richtig erleichtert inmitten der grauenvollen Angst, als der Tag der Punktion endlich da war.

Ich sollte um zehn Uhr da sein und nahm meinen Schwiegervater mit, denn er ist Arzt, und ich war mir sicher, so könne nichts schief gehen. Notfalls sollte ER die Nadel für das Dormicum legen!

Wer schon einmal in der Ambulanz einer Uniklinik war, weiß, was jetzt kam: Warten. Wir warteten über drei Stunden. Das hilft nicht besonders, um Spannung abzubauen. Dann wurden wir in ein Zimmer gebracht, das aussah wie eine Abstellkammer. Lediglich an der Liege war zu erkennen, dass es sich hierbei um ein Untersuchungszimmer handelte. Hier warteten wir dann noch einmal 45 Minuten, bis endlich die Ärztin zu uns fand. Dass sie gestresst war, war nicht zu übersehen.

»So, dann kann es ja endlich losgehen! Ziehen Sie sich die Hose mal herunter und legen Sie sich auf den Bauch.«

»Und wie wollen Sie mir eine Nadel legen, wenn ich auf dem Bauch liege?«, fragte ich etwas verunsichert, denn ich wusste, was jetzt kommen würde.

»Ach ja – Sie wollten ja eine kleine Beruhigung haben. Also, wir haben jetzt überhaupt nichts da. Wollen Sie es ohne probieren? Ich verspreche Ihnen, dass es nicht wehtun wird!«

Ich werde heute noch wütend, wenn ich daran denke. So was von kaltschnäuzig! Nur weil es ihr zu viel Arbeit war, eine Nadel zu besorgen und sich um die Spritze zu kümmern, wollte sie mich quälen. Sie hatte mir also im Gespräch überhaupt nicht zugehört. Und zu behaupten, es tue nicht weh, war eine bodenlose Frechheit. Ich fing schon an dieser Stelle an zu weinen, obwohl noch gar nichts geschehen war.

»Aber Sie haben es doch versprochen!« Das war alles, was ich dazu sagen konnte. Nach einigem Zureden von meinem Schwiegervater lief sie grummelnd los, um Nadeln von der Station zu holen, denn es gab in der ganzen Ambulanz keine. Sie kam nach einigen Minuten zurück – mit einer einzigen Nadel. Ihr Können in Ehren, aber zu glauben, dass sie auf Anhieb richtig stechen würde, grenzte schon an Größenwahn. Zumal ich ihr schon ausgiebig Bericht über meinen Venenstatus geliefert hatte. Falls sie mir zugehört hatte.

Die Nadel traf nicht.

Und nun kam, was kommen musste. Die Diskussion um die Beruhigung ging wieder von vorne los.

Für die Ärztin sah es folgendermaßen aus: Nach mittlerweile sieben Stunden Arbeit ohne Mittagspause muss sie sich nun auch noch mit einer hysterischen Patientin auseinandersetzen für eine Untersuchung, die sie zehn Mal am Tag macht und wo es fast nie Probleme gibt und die meisten Patienten sich nicht darüber beschweren. Die Venen sind tatsächlich schlecht, sie muss jetzt noch mal loslaufen und eine Nadel holen, wir sind eh zu spät dran, nach dem Dormicum muss sie noch mal ein paar Minuten warten, ob es mir auch gut geht, und zu allem Überfluss will sie doch ausgerechnet heute mal ein bisschen früher nach Hause!

Wie es für mich aussah, muss ich nicht näher beschreiben.

Noch blieb ich hart und bestand auf der erlösenden Spritze, sodass sie fluchend los lief, um eine weitere Nadel zu besorgen. Es dauerte wieder etwas, und dann kam sie zurück – erneut mit nur einer Nadel.

Es gelang ihr nicht, sie zu legen.

Und an dieser Stelle konnten wir beide nicht mehr. Anstatt zuzugeben, dass sie mit meinen Gefäßen nicht zurecht kam, wurde sie auf mich wütend, weil das ja alles nur sein musste, weil ich mich so anstellen würde. Für sie aber hatte es gereicht, sie wollte jetzt die Punktion – und zwar ohne Spritze. Und anstatt meine Sachen zu nehmen und einfach zu gehen, beugte ich mich ihrer Gewalt, weil ich mich schämte und endlich alles vorbei haben wollte. Ich war am Ende und dachte, es könnte nicht mehr schlimmer werden. Und mein Schwiegervater traute sich auch nicht mehr, etwas zu sagen, weil er sie nicht noch mehr verunsichern wollte.

Es folgte die Knochenmarkspunktion. Wie erwartet tat es sehr, sehr weh. Und wie erwartet, bin ich nicht ohne nachhaltigen seelischen Schaden davon gekommen. Aber zumindest konnte die Ärztin doch etwas früher nach Hause.

Die Punktion war negativ – kein Rückfall, keine Genmutation. Niedrige Thrombos unklarer Ursache, idiopathisch im medizinischen Fachjargon.

Die Thrombos blieben auch unten, und ich lebte einfach damit. Erst als sie etwa ein Jahr später noch einen drastischen Fall auf 30.000 machten, beschäftigten sie mich wieder – und ich bekam noch eine Knochenmarkspunktion. Übrigens die allerschönste meines Lebens. Von einem sehr netten Arzt, den ich zufällig auch im Unterricht als Dozenten hatte, der mir zuhörte und der sich Zeit nahm, zwar auch erst beim zweiten Versuch eine Nadel legen konnte, aber durch seine beruhigende Art das wieder wett machte. Und der mir so viel Dormicum spritzte, bis ich nichts mehr mitbekam. Ich weiß wirklich nichts mehr davon – keine Schmerzen, keine Angst, keine neue Kerbe. Im Gegenteil, ich bin sogar wieder etwas versöhnt. Und natürlich nicht mehr bereit, darauf je wieder zu verzichten.

Heute beachte ich meine Thrombos nicht mehr. Ich akzeptiere, dass ich wenige davon habe und nicht weiß, wieso. Ich akzeptiere, dass man nicht immer alles erklären kann und muss.

Aber zurück zu dem Grund, warum ich das alles hier erzähle: Das alles ist immer noch meine Leukämie. Und manchmal macht sie mir ganz viel Angst, sogar Schmerzen – sie ist noch immer ein Teil meines Lebens.

Das Studium

Ich wollte schon immer Ärztin werden, lange bevor ich krank wurde. Ich war fasziniert von den vielen Vorgängen im menschlichen Körper, von den Aufgaben, die jedes Organ für sich und miteinander bewältigt – ohne dass ich irgendetwas dazu tun musste. Warum atmet man nachts weiter? Warum kann man auch auf dem Kopf stehend trinken? Warum zwickt es manchmal heftig im Arm oder in den Fingern, ohne dass man von außen etwas sieht? Wo entstehen meine Gedanken, und wo lagern meine Erinnerungen?

Und warum funktionieren diese Dinge dann nicht mehr?

Ich wollte vor allem lernen, wie man Menschen helfen kann, wenn der Körper selbst es nicht mehr tut. Daran hat sich seither auch nichts geändert. Aber seitdem ich krank wurde, haben sich neue Gedanken dazu entwickelt. Gedanken, die sich unmittelbar aus meinen Erfahrungen mit Ärzten und Schwestern ergeben haben.

Wie kann ich Patienten die Angst nehmen? Wie kann ich ihre Schmerzen minimieren? Wie kann ich eine Krankheit behandeln, ohne den Menschen zu übersehen, der dahinter steckt?

Meine schlechten Erfahrungen und Eindrücke von Ärzten haben in mir den Ehrgeiz ausgelöst, es besser zu machen. Wenn es schon so viel Misslungenes gibt, muss ich halt beweisen, dass es anders geht, dass es eine Frage der Menschlichkeit ist, und nicht der Finanzen oder der Politik.

Ich habe immer gedacht, das Verhalten der Ärzte mir und den anderen Patienten gegenüber wäre ein Produkt der langjährigen Arbeit in Kliniken, der systematischen Demoralisierung durch schlechte Klinikleitung, schlechte Arbeitsbedingungen und natürlich auch Bequemlichkeit der Ärzte.

viele meiner Kollegen. Ich würde auch verdrängen – und ich hätte noch viel mehr Angst vor der Arbeit mit kranken Menschen, als ich es jetzt habe. Schließlich wollen wir den Menschen helfen, und nicht verlieren.

Dass das kein Widerspruch sein muss, hat uns niemand gesagt.

Stiche

Noch vor zwei Jahren begann ich zu weinen, wenn eine Blutabnahme nicht auf Anhieb funktionierte. Die Angst vor dem Stechen hielt sich hartnäckig. Dabei waren es nicht die Schmerzen, die mich erschütterten, sondern es war die Flut an Erinnerungen, die mich überwältigte, sobald der Stauschlauch sich am Arm festzog. Dann fühlte ich mich sofort wieder zurückversetzt in eine Welt, in der ich jeden Tag darum bangen musste, dass die Nadel trifft. Dass der Zugang noch durchgespült wird und die Chemo durchlaufen kann. Ich erinnere noch ganz genau den Schmerz, wenn ein verschlossener Zugang mit Druck freigespült wurde – und die Angst, wie es weitergeht.

Das hat sich alles in meinen Kopf und meinen Körper so festgebrannt, dass ich, die erwachsene und starke Mavi, bei einer einfachen Blutabnahme hemmungslos weinen musste, vor lauter Angst und Verzweiflung. Es war beschämend.

Am Anfang des Studiums hatten wir ein Praktikum, bei dem wir uns unter anderem gegenseitig Blut abnehmen sollten. Ich rang innerlich mit mir, wie ich mich verhalten sollte – und ließ mich von der Blutabnahme befreien. Dass ich mich dezent in die Ecke zurückzog, als es ans Stechen ging, machte sicher keinen guten Eindruck bei meinen Kommilitonen, aber ich konnte nicht anders.

Seit zwei Jahren bessert sich diese massive Angst – manche Kommilitonen kamen sogar schon in den Genuss des Übens an meinen (nach wie vor) schlechten Venen! Ich kann die Besserung nicht an etwas fest machen, an keinem AHA-Erlebnis oder Ähnlichem. Ich freue mich aber sehr, dass die Angst nachlässt, denn das ist ein Zeichen, dass etwas in mir abheilt.

Nun stehe ich aber auf der anderen Seite. Ich halte die Nadel in der Hand und steche zu. Ich bin diejenige, vor der ich mich selbst so sehr gefürchtet habe, die ich gehasst habe, wenn es nicht gelang. Und ich gebe zu: Es fällt mir schwer, diese Rolle einzunehmen.

Ich bin nicht als Ärztin geboren, und so muss auch ich üben. Üben! Das klingt ja schon so furchtbar, so mechanisch. Dabei sind es Menschen, in die ich hineinsteche – und ich will es gut machen. Ich will, dass sie keine Angst davor haben müssen, so wie ich sie hatte. Meistens gelingt es mir ganz gut. Dann freue ich mich über ein »Oh, das habe ich jetzt nicht mal gemerkt!«. Aber dann gibt es die Tage, an denen es nicht gelingt. Der erste Versuch nicht. Der zweite nicht. Und auch nicht der dritte.

Ich fühle mich dann grauenvoll, als Versagerin. Ich habe jemanden gequält! Und am Anfang brach alles in mir zusammen. Wie soll ich eine gute Ärztin werden, wenn ich nicht einmal schmerzfrei Blut abnehmen kann?

Die meisten meiner Kommilitonen sind da viel entspannter. Sie sehen es als ihr gutes Recht, diese Dinge zu tun, und können es nicht verstehen, wenn ein Patient sich darüber mal beschwert. Denn: Wir haben gelernt, dass eine Blutabnahme nicht weh tut. Keine große Sache. Routine. Ich gebe zu, dass ich sie manchmal um ihre Gelassenheit beneide. Es ist sicher einfacher, wenn man ohne die Anspannung, die ich in mir trage, an den Patienten herangehen kann. Sie können weiterstechen, können puhlen, wenn es sein muss – und am Ende stolz dem Arzt die angeforderten Röhrchen überreichen, während ich kleinlaut zugeben muss, dass es mir nicht gelungen ist, und um Hilfe bitte. Das tue ich aus Rücksicht auf den Patienten.

Oder auf mich selbst?

Beides. Ich erkenne auch, dass ich oft meine eigene Angst auf den Patienten übertrage – und dabei unrechtmäßig handle. Für viele Patienten ist eine misslungene Blutabnahme nicht im Geringsten so belastend, wie ich mir das vorstelle. Und während ich mich ausführlich dafür entschuldige, dass es jetzt noch einmal piekst, lesen sie in ihrer Zeitschrift weiter und murmeln: »Machen Sie, was Sie machen müssen!«

Ich stecke also in einem Konflikt. Ich muss lernen, meine Erlebnisse mit Krankheit und Medizin sinnvoll in meine Tätigkeit als Ärztin einzubauen, ohne mich – und die Patienten! – dabei zu verunsichern. Ich möchte wahrnehmen können, was meine Patienten bewegt, und nicht nur mich selbst.

Und wie lerne ich das?

Im Studium sicher nicht. Und die Mentoren in meinen bisherigen Praktika waren auch nicht offen für solche Gedankengänge. Auf den Stationen zählt meist nur der Ablauf, das Ergebnis einer Untersuchung und nicht, wie sie gemacht wird. Ich kann mich also letztendlich nur auf die Zeit verlassen. Darauf, dass sie mir die Erfahrungen und Erkenntnisse bringen wird, die ich benötige, um ein eigenständiges Gespür dafür zu bekommen. Und bis dahin werden leider auch Punktionen danebengehen.

Scham

Ich kann mich noch genau an mein Entsetzen erinnern, als ich ins Krankenhaus kam und mich vor fremden Menschen ausziehen musste – egal, ob Arzt oder Schwester. Inmitten des ganzen Trubels, der ganzen Aufregung um die neue Situation und auch der grausamen Angst, wie das alles weitergehen wird, war die Scham mit im Vordergrund dabei. Ich musste mich ganz ausziehen und lag nackt auf dem Tisch. Ständig gingen irgendwelche Leute ein und aus, manchmal ließen sie die Tür zum Flur der Einfachheit halber offen. Der Arzt musste kurz noch einmal weg, ich blieb zurück und traute mich nicht, mich zu bedecken.

Später wuschen mich fremde Menschen, wenn ich zu schwach war, es selbst zu machen. Oder meine Mama übernahm das, was mir aber ehrlich gesagt nur als kleineres Übel vorkam. Ich hätte weinen können, wenn ich entblößt da lag – und ich weinte erst Recht, wenn ich z. B. ins Bett gemacht hatte. Dieses Gefühl der Scham ließ auch nur unwesentlich nach im Laufe der Zeit, es war keine Frage der Gewohnheit. Lieber ertrug ich sogar furchtbare Regelschmerzen, als um ein Schmerzmittel zu bitten, weil ich dann ja hätte erklären müssen, warum ich sie brauchte – und mir war es peinlich, über meine Regel zu sprechen.

Dass mein Schamgefühl so groß war, lag sicher zum einen am Alter (mit 13 ist man gewöhnlich sehr unsicher mit seinem Körper), zum anderen an meiner eigenen Persönlichkeit (ich war sehr verschlossen, wenn es um diese Dinge ging) – aber nicht zuletzt auch schlicht am »Menschsein«. Jeder Mensch kennt Scham, auch wenn die Schwerpunkte manchmal verschieden gesetzt sind. Manche möchten eins mit der Tapete werden, wenn sie sich ausziehen müssen, andere im Erdboden versinken, wenn quer über den Gang nach ihrem letzten Stuhlgang gefragt wird. Aber kaum jemand fühlt sich wohl, wenn er im Bett auf einen Nachttopf gesetzt wird. Oder einen Blasenkatheter bekommt.

Schamgefühl ist sehr eng mit dem Begriff der Würde verbunden. Werden die Grenzen des eigenen Schamgefühls übertreten, fühlt man sich entwürdigt, degradiert – vor allem auch hilflos.

Diese Grenzen werden leider meist missachtet, sobald man in das medizinische System eingespeist wird. Für den Arzt wird der Patient zum Rätsel, welches es möglichst schnell zu lösen gilt. Der Mensch wird eben zum Objekt – die Brüste werden zu »Mammae«, die eigentlich nur im Weg sind, wenn man das Herz richtig abhören will, die Leiste (die ganz schön nah an anderen schambesetzten Zonen liegt!) zur »Regio inguinalis«, wo wie selbstverständlich Lymphknoten und Pulse getastet werden. Nebenbei wird noch ein Blick in die Unterhose geworfen, um die Behaarung einzuschätzen und, wenn einer besonders gründlich ist, auch mit einem Gummifingerling im After getastet.

Diese Dinge geschehen nicht aus Spaß oder Willkür – im Gegenteil!

Die körperliche Untersuchung ist, neben dem Gespräch, das Wichtigste, was ein Arzt beherrschen muss. Der Körper sagt einem so viel – man muss wirklich froh und dankbar sein, wenn ein Arzt gründlich untersucht, denn das bedeutet, dass er seine Sache gut machen will. Er will nichts übersehen, um eine möglichst gute Behandlung einleiten zu können. Allerdings sollte dabei auch auf das Schamgefühl der Patienten Rücksicht genommen werden, die Untersuchung leidet nicht darunter.

Sicher – einen Finger (oder auch ein Zäpfchen oder einen Einlauf …) in den Po zu bekommen, das ist nie schön. Aber es gibt durchaus bessere und schlechtere Wege, es zu tun. Beispielsweise kann die Bettdecke dabei über dem Po liegen bleiben, die Gründlichkeit bleibt die gleiche. Und eine freundliche Ankündigung, wann es losgeht, hilft auch nicht unwesentlich.

Dass man sich vor dem Arzt ausziehen muss, ist nicht zu vermeiden. Aber man kann die Blöße minimieren. Indem etwa eben nicht ständig andere Menschen dazukommen; oder Körperteile, die gerade nicht untersucht werden, abgedeckt werden.

Als ich vor zwei Jahren bei einer Kontrolluntersuchung war, um mein Herz schallen zu lassen, erlebte ich wieder einmal, wie es nicht sein muss. Ich wurde hereingerufen und sollte meinen Oberkörper ganz frei machen und mich auf die Liege legen, der Arzt käme sofort. Ich tat wie befohlen, die Arme leicht vor dem Busen verschränkt – und wartete. Zehn Minuten, zwanzig Minuten ... In der Zeit war ich aber nicht etwa allein! Das Zimmer war ein Durchgangszimmer, ständig liefen Ärzte, Schwestern, Sekretärinnen durch, sogar ein Patient verirrte sich bis zu mir – und irgendwann auch mein Arzt. Jetzt mussten die Arme wieder herunter von der Brust, aber der Trubel um mich herum ging weiter. Es trat auch ein junger Kollege des Arztes hinzu, um etwas mit ihm zu besprechen. Das taten sie dann ausführlich neben meiner Liege, mitten in der Untersuchung. Und weil eine dicke Schicht Schallgel über meinem Oberkörper verteilt war, konnte ich meine Arme nun nicht mehr darüber verschränken.

Das muss nicht so sein!

Gerade vor wenigen Wochen ging ich erneut zu einer Herzschalluntersuchung, dieses Mal zu einem anderen Arzt. Außer uns betrat niemand das Zimmer, dafür sorgte ein umgedrehtes Schild an der Tür. Der Arzt verließ sogar das Zimmer, als ich mich auszog, *und* – und das war wirklich unglaublich! – er legte mir ein Tuch hin, welches ich mir dann über die Brust legen konnte.

Die gesamte Untersuchung samt Abhören, Tasten und Schallen erfolgte unter diesem Tuch.

Ich war sehr beeindruckt. So wohl hatte ich mich noch

nie bei einer Untersuchung gefühlt! Und es war gar nicht so schwer, das zu erreichen. Ein einfaches Tuch gab mir ein Gefühl von Würde.

Für Patienten soll das bedeuten: Besteht auf Eurem Schamgefühl, gesteht es Euren Betreuern und Euch selbst ein. Und fordert Rücksichtnahme darauf!

Und, liebe Ärzte, Schwestern, Pfleger, Angehörige: Achtet auf die Würde der Patienten! Es ist so einfach, kleine Zeichen zu setzen inmitten einer ohnehin schwierigen Situation. Dafür braucht Ihr Euch nur kurz in sie hineinversetzen – und schon wisst Ihr, was ich meine.

Weitermachen!

Morgen ist der 28. Januar – mein Geburtstag! Ich werde das zwölfte Jahr in Remission feiern, krebsfrei! Es fällt mir schwer zu glauben, dass bereits so viel Zeit vergangen ist seit der grauenvollen und doch so wunderbaren Knochenmarkspunktion am 28.1.1992, als endlich der Beweis da war, dass die Therapie hilft. Jahr für Jahr feiere ich diesen Tag mit Freunden und Familie, er ist ein Symbol der Hoffnung, ein Tag, an dem ich an das Vergangene und Zukünftige zugleich denke.

Ich bin unendlich dankbar für das Leben, welches ich nun führen darf – trotz aller Schwierigkeiten, die es zu bewältigen gilt. Und in gewisser Weise bin ich auch dankbar für meine Leukämie, denn sie hat mich gelehrt, das Wesentliche im Leben zu erkennen und zu ergreifen. Ohne sie hätte ich Jessica, Kathrin, Nils, Annegret – und auch meinen Mann – nie kennen gelernt. Ich wüsste nicht wirklich, wie schön es ist, im eigenen Bett zu schlafen und heiß zu duschen – und ich hätte nicht entdeckt, wie viel Kraft in mir steckt.

Gleichzeitig glaube ich, dass Menschen sehr viel über das Leben lernen können, auch ohne eine solche Krankheit gehabt zu haben. Sie müssen sich nur öffnen für das, was andere zu geben haben. Zuhören, was Erkrankte zu erzählen haben. Und beobachten, was sie uns zeigen. In meiner zukünftigen Rolle als Ärztin möchte ich diese Fähigkeit erarbeiten und erhalten. Und mit diesem Buch möchte ich Mut machen, das Gleiche zu tun. Egal, ob Ärzte, Pfleger, Schwestern, Angehörige oder Freunde – habt keine Angst vor kranken Menschen. Beladet sie nicht mit Vorurteilen und macht sie nicht zu ihrer Krankheit, sondern helft, sie zu leben! Patienten brauchen Menschlichkeit – die besitzt jeder von uns.

An meinem Tag morgen werde ich auf mich und meinen Weg anstoßen – und auf Euch alle, die Ihr da draußen kämpft. Macht weiter mit Eurem Weg, kämpft um das, was Ihr verdient, nämlich Respekt und Anerkennung für das, was Ihr leistet. Genießt das, was das Leben zu bieten hat, und verflucht das, was es Euch aufbürdet oder verwehrt!

Die Hauptsache ist, wir nehmen es wahr.

Informationen und Literatur über diese Erkrankung und über die Behandlung sind erhältlich bei:

Deutsche Leukämie-Forschungshilfe – Aktion für krebskranke Kinder e.V., Dachverband der Elterngruppen, Joachimstr. 20, 53113 Bonn
Telefon: 0228-221833, Telefax: 0228-218646.

Schweizerische Interessengemeinschaft für krebskranke Kinder, Sonnenrain 4, CH-4534 Flumenthal
Telefon und Fax: +41 32 6373085.

Kinder-Krebs-Hilfe, Dachverband,
Kinderspitalgasse 7, A-1090 Wien
Telefon: +43 1 4028899, Telefax: +43 1 4051020

Herzenswünsche e.V.
Nienkamp 75, 48147 Münster
Telefon: 0251-20202124, Telefax: 0251-20202209

Bibliografische Information der Deutschen Bibliothek
Die Deutsche Bibliothek verzeichnet diese Publikation in der Deutschen Nationalbibliografie; detaillierte bibliografische Daten sind im Internet über http://dnb.ddb.de abrufbar

Kreuz Verlag GmbH & Co. KG Stuttgart
Verlagsgruppe Dornier
Postfach 80 06 69, 70506 Stuttgart

www.kreuzverlag.de
www.verlagsgruppe-dornier.de

Umschlaggestaltung: P.S. Petry & Schwamb,
Agentur für Marketing und Verlagsdienstleistungen, Freiburg
Satz: de·te·pe, Aalen
Druck: Clausen & Bosse, Leck

ISBN 3-7831-2443-3